Mittelrhein, Burgen und Wein

HEINZ FISCHER

BIRGIT WINKLER

Mittelrhein
Burgen und Wein

GÖRRES-VERLAG KOBLENZ

Herausgegeben vom Mittelrhein, Burgen und Wein e. V.
in Zusammenarbeit mit der Landesbildstelle Rheinland-Pfalz, Koblenz.
Farbreproduktionen: Saase und Heller Reprotechnik, Ingelheim
Satz und Druck: Görres-Druckerei GmbH, Koblenz
Einband: C. Fikentscher, Darmstadt
ISBN 3-920388-01-4

Inhalt / Abbildungen

Bildnachweis:

Mittelrhein, Burgen und Wein e.V., Seite 57, 61, 97, 133, 136, 137, 139
Foto Gauls, Seite 89
Bartholomäusmarktverein, Seite 84
Kurt Stäger, Seite 85
Manfred Müller, Bad Hönningen, Seite 100
Wolter, Verkehrsamt Bad Hönningen, Seite 102
Stadtverwaltung Königswinter, Seite 114
Fremdenverkehrsverband Rheinland-Pfalz, Seite 49, 143
Treichel, Stadtverwaltung Boppard, Seite 74, 140
Verbandsgemeinde Nassau, Seite 87
Prof. Karl Röder, Bad Kreuznach, Seite 131, 132
Stadtverwaltung Oberwesel, Seite 54
Landesbildstelle Rheinland-Pfalz, Koblenz, alle übrigen Fotos

Die Luftbildaufnahmen auf dem Schutzumschlag und den Seiten 35, 36, 38, 40, 42, 43, 44, 45, 50, 51, 52, 53, 55, 58, 59, 60, 62, 63, 64, 66, 67, 68, 73, 78, 81, 83, 88, 91, 94, 96, 106, 107, 109, 113 wurden von der Bezirksregierung Rheinhessen-Pfalz unter den Nummern 46416, 40337, 26653, 28635, 38456, 51475, 52785, 52834, 7633, 38454, 47653, 47671, 50636, 20953-8, 17113, 13957, 43253, 50621, 20968-8, 20958-8, 43742, 62944, 26520, 47661, 14776, 2992, 43115, 43754, 4280, 4274, 59873, 50088, 15792 freigegeben.

Grußwort

Der Mittelrhein, eine romantische Landschaft, die immer wieder viele Besucher aus der ganzen Welt anzieht, ist in den Bildern und Texten in ihrer ganzen natürlichen Vielfalt dargestellt. Die vielen Burgen an diesem Abschnitt des Rheines sind Zeugen einer sehr wechselvollen deutschen Geschichte. Seit Jahrhunderten prägt der Weinbau an den Steilhängen des Rheintales das Landschaftsbild. Nicht ohne Grund wird der Mittelrhein als der schönste Abschnitt des Rheines bezeichnet. Das Gaststättengewerbe hat sich in hervorragender Weise auf die heutigen Ansprüche der Gäste eingestellt und gilt als leistungsfähiger Wirtschaftszweig dieser Region.

Allen, die daran mitgewirkt haben, daß dieser gelungene Bildband hinausgehen kann, ist herzlich für ihre Arbeit zu danken. Er wird weit über die Grenzen unseres Landes hinaus die Kenntnis von der geschichtlichen Entwicklung des Mittelrheingebietes vertiefen. Er gibt Zeugnis von der Wesensart und den Leistungen seiner Bewohner, und er zeigt, daß die Wirtschaft dieses Raumes für die Aufgaben der Zukunft gut gerüstet ist.

Die Weine des Mittelrheines sind das Produkt harter Winzerarbeit. In ihrer Qualität, in ihrer Feinheit und Besonderheit werden sie auch in der Zukunft den Wettbewerb bei Weinfreunden im In- und Ausland gut bestehen können.

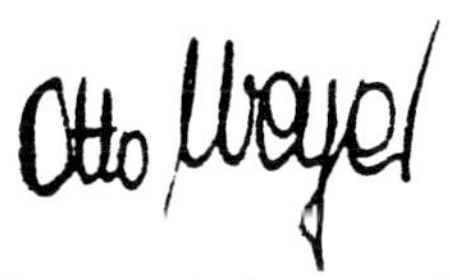

Staatsminister a. D.

Vorwort

Der Herausgeber dieses Buches, der Mittelrhein-Burgen und Wein e. V., hat es sich zur Aufgabe gemacht, die Kenntnis der mittelrheinischen Landschaft weit über ihre regionalen Grenzen hinaus zu fördern und das Eigenartige dieses Raumes für Erholungssuchende und Weinliebhaber sachgerecht zu dokumentieren.

Aus diesem Bewußtsein heraus entstand das vorliegende Buch, welches unseres Erachtens als ein wesentlicher Beitrag zur Heimat- und Landeskunde bezeichnet werden kann.

In vielen Regionen Deutschlands gibt es Weinberge oder Burgen oder schöne Landschaften. Am Mittelrhein jedoch fügen sich diese drei Komponenten, die Weinberge an den Steilhängen, die Burgen des Mittelalters und die Landschaft des cañonartigen Rheintals zu einem einzigartigen Dreiklang zusammen.

Den Autoren und dem Herausgeber war es ein besonderes Anliegen, diesen für den Mittelrhein so typischen Dreiklang durch Text und Bildauswahl zu betonen.

Den Textinformationen folgen jeweils Bildteile, die charakteristische Motive und Landschaftsansichten vom Mittelrhein vorstellen. Aber es wurden auch bewußt weniger bekannte Aufnahmen in das Buch hineingenommen, die durch ungewohnte Perspektiven mit dazu beitragen, eine tiefere Kenntnis der Rheinlandschaft zu vermitteln.

Die erste Bildfolge führt den Leser in Form einer Rheinreise vom Binger Loch zum Siebengebirge durch die mittelrheinische Landschaft.

Der zweite Bildteil enthält Motive aus dem Leben des Winzers. Die Hinzunahme der alten Schwarzweißaufnahmen zeigt dem Leser die Verwobenheit von Vergangenheit und Gegenwart. Früher wie heute war es der Wein, der das Leben der Menschen am Strom prägte.

Wir möchten diesem Buch viel Erfolg wünschen und an dieser Stelle all denjenigen recht herzlich danken, die bei der Erarbeitung des Buches durch Bereitstellen von Bildern mithalfen. Insbesondere sei gedankt den Verbandsgemeinden und der Landesbildstelle Rheinland-Pfalz.

Mittelrhein, Burgen und Wein e. V.

Der Mittelrhein

Nur wenige deutsche oder gar europäische Landschaften sind durch künstlerische Darstellungen, durch Literatur und Musik so bekannt und berühmt geworden wie das Rheintal zwischen dem Binger Loch und dem Siebengebirge. Besonders während der Kultur- und Stilepoche der Romantik war die hohe Zeit des Betrachtens und Preisens jenes Talabschnitts, dem die Geographen die Bezeichnung ,,Mittelrheintal'' gegeben haben. Mit dem Begriff der ,,Rheinromantik'' verbinden sich bestimmte Vorstellungen von Dichtung und Liedgut, von Stromtal und Felswänden, von sagenumwobenen Burgen, Türmen und Mauern; nicht zuletzt aber vom Wein, der den Menschen fröhlich macht und zum Dichten und Singen beflügelt. Wegbereiter und Repräsentanten dieser Kulturströmung waren unter anderem Achim von Arnim und Clemens von Brentano mit ihrer Liedersammlung ,,Des Knaben Wunderhorn''; dann Heinrich Heine und sein 1823 entstandenes Lied von der Loreley (— das übrigens 1838 vom schwäbischen Romantiker Friedrich Silcher vertont wurde —); oder August Wilhelm Schlegel, der mit der Wiederentdeckung des Nibelungenliedes auch rheinisches Sagengut wieder aufdeckte; auch den Neugestalter der ,,Heinzelmännchen-Sage'', den Schlesier August Kopisch, darf man noch zu den Rheinromantikern zählen. Viele Volksliedersammlungen und die Kommersbücher deutscher Studenten spiegelten bis zum Beginn des Ersten Weltkrieges diese ,,Rhein-Wein-Kultur'' ebenso wider wie die Lesebücher der allgemeinbildenden Schulen im ganzen deutschen Sprachraum. Reich vertreten sind rheinische Motive auch in der romantischen Malerei. Neben Zeichnungen und Radierungen von Ludwig Lange und Karl Simrock (— der auch als Dichter bekannt ist —) sind hier die Stahlstiche von Johann Wilhelm Spitz zu erwähnen sowie die vor allem in England verlegten Stich- und Bildserien, so ,,The Works of Lord Byron'' (1832) oder ,,Tombleson's View of the Rhine'' (1834). Beliebte Objekte der bildnerischen Darstellung waren dabei stets die Rheinburgen und die Weingärten auf den steilen Talhängen. Bei der Betrachtung der Stiche und Bilder ist man übrigens immer wieder erstaunt, mit welch sicherem Blick die damaligen Künstler die landschaftliche Vielfalt erfaßt haben und mit welch trefflicher Genauigkeit in Wort und Bild sie Typisches schildern und reproduzieren konnten; manch ein Bildmotiv könnte auch heute noch als ein ,,Geographisches Typenbild'' gewertet und verwendet werden. Im übrigen bedarf es wohl nur eines kurzen Hinweises darauf, daß die Rheinromantik — ins Mythische gesteigert — auch Eingang in die Bühnenkunst fand; so sei an diesbezügliche Stellen in den dramatischen Werken Richard Wagners erinnert, etwa in ,,Lohengrin'' und im ,,Ring der Nibelungen''.

Als geographische und landschaftliche Einheit windet sich das Mittelrheintal zwischen der Nahemündung und der Bonner Talweitung durch das Rheinische Schiefergebirge, und dies in einer Gesamtlänge von 115 Kilometern. Damit nicht in vollem Umfang identisch ist das Weinbaugebiet ,,Mittelrhein''. Dieses ,,bestimmte Anbaugebiet'' (nach § 10 des Deutschen Weingesetzes von 1969 bzw. von 1971) reicht nämlich rechtsrheinisch nur von Kaub rheinabwärts bis Oberdollendorf bei Königswinter, linksrheinisch sogar nur von Trechtingshausen bis Koblenz; dafür zählen aber die Weinlagen entlang des Lahntals zwischen Obernhof und Fachbach bei Bad Ems ebenfalls zum ,,Mittelrhein''. Diese weinbaubezogene Einteilung und Zuweisung hat einerseits regional-traditionelle Gründe, andererseits aber ihre Ursache darin, daß bei deutschen Weinen die Herkunftsangabe weitgehend auf einer wuchsklimatischen Klassifizierung eines Raumes beruht, also auf den natürlichen Standort- und Klimafaktoren, die insgesamt Qualität und Charakter eines Weines garantieren. Außerdem herrschen innerhalb eines solchen Gebiets auch bestimmte Rebsorten vor; für das Anbaugebiet ,,Mittelrhein'' ist das die Riesling-Rebe.

Wenn in den folgenden Ausführungen in Bild und Text daher Orte und Bereiche innerhalb des ,,Bestimmten Anbaugebiets Mittelrhein'' mitunter etwas stärker herausgehoben werden, sollte dies vor dem Hintergrund der weingesetzlichen Vorgaben verstanden werden. Andererseits ist das Mittelrheintal ein landschaftlich einheitlicher Großraum, dessen Betrachtung weder durch Landes- noch durch Anbaugebietsgrenzen zerschnitten werden kann und darf. Aus diesem Grunde wird die Gesamtdarstellung auch den ganzen Landschaftsraum umfassen und sich somit auf die geographischen Verhältnisse abstützen müssen.

Das Werden der mittelrheinischen Landschaft

Wer — von Süden kommend — seinen Weg nach Bonn oder Köln durch das Rheintal nimmt, erlebt kurz unterhalb der Nahemündung einen Landschaftswechsel, der kaum noch grandioser sein könnte. Führte der Weg bisher entweder rechtsrheinisch entlang der gemächlich ansteigenden Hänge des Rheingaugebirges zwischen Wiesbaden und Rüdesheim oder aber entlang des linken Stromufers durch das flache Hügel- und Tafelland von Rheinhessen, so stößt er nun hinein in das Gebirge, das sich im ,,Binger Loch'' für eine schmale Durchfahrt öffnet. Der Mäuseturm von Bingen, auf einer kleinen quarzitischen Felseninsel stehend, kennzeichnet den Eingang und wirkt wie ein Wächter an der Pforte; auch ist er ein Wegweiser für die Schiffahrt, die stromabwärts ein windungsreiches Engtal mit zum Teil gefährlichen Felsuntiefen zu überwinden hat.

Innerhalb dieses Engtals dominieren auf etwas über hundert Kilometer nunmehr die steilen Felshänge mit teilweise abenteuerlichen Felsvorsprüngen und Felskanzeln, in halber Höhe und in der Fußzone begleitet von wechselnd breiten und mitunter auch nur sehr lückenhaft erhaltenen Verebnungsflächen: Dies sind die den Geographen und den Geologen wohlbekannten Rheintal-Terrassen, deren Erforschung auch für die Aufhellung der erdgeschichtlichen Vorgänge während des Eiszeitalters in Mitteleuropa von größter Bedeutung war. Eingezwängt zwischen die Talwände und gesäumt von einem untersten Terrassenpaar fließt der Strom breit, aber durchaus nicht behäbig, talwärts. Seine Tiefe liegt zwischen nur wenigen und mehr als zwanzig Metern; seine Breite wechselt häufig: Im Bereich von Fels- und Schotterinseln, etwa dem Lorcher und dem Bacharacher Werth, dem Kauber Werth, dem Tauber oder dem Ehrentaler Werth, erreicht sie gut 400 Meter; in der Krümmung um Roßstein geht sie auf 200 Meter zurück, bei der Loreley auf 150 und beim Betteck (am Stromkilometer 554) sogar auf nur hundert Meter; und obwohl ab St. Goarshausen die eigentliche Felsstrecke des Rheintals aufhört, bleibt der Rhein etwa 300 Meter breit, zumindest bis Osterspay, wo er 450 Meter erreicht, und bis Schottel, wo er sogar auf 600 Meter verbreitert wird.

Der optische Eindruck von Tiefe und Breite des Rheins wird vielfach variiert durch seine Wasserführung. Das Trockenjahr 1947 mit einem Abfluß von 470 Kubikmetern pro Sekunde und das Niederschlagsjahr 1983 mit einem Abfluß von mehr als 6800 Kubikmetern (jeweils am Pegel Kaub) lassen die Spanne der Möglichkeiten erkennen. Für die Schiffahrt ist es im übrigen gleichermaßen hinderlich, ob der Wasserstand so stark gefallen ist, daß die Felsriffe des Strombettes, die ,,Hungersteine'', zutagetreten oder ob er so hoch ist, daß die Schraubenbewegungen der Schiffe schädlichen Wellengang besonders im Ufer- und Überschwemmungsbereich verursachen würden; in Zeiten extremen Wasserstandes ruht jeglicher Verkehr auf der sonst so stark befahrenen Großwasserstraße.

Die mitunter erdrückend wirkende Enge der Tallandschaft wird im gesamten Verlauf immer wieder durch Talweitungen und kleine Becken aufgelockert, unter anderem dort, wo die Gewässer einmündender Seitentäler kleine Ausräume geschaffen haben. Eine Andeutung davon zeigt sich erstmals beiderseits des großen Lorcher Werth, wo von Westen her der Heimbach und von Osten her die Wisper einmünden und im jeweiligen Mündungsgebiet eine kleine Weitung entstehen ließen. Weiter talwärts lassen die flachen Gleithänge von Filsen bis Osterspay sowie zwischen Niederspay und Brey rein optisch den Eindruck kleiner Becken aufkommen; tatsächlich wird dort auch das Strombett breiter. Zwischen Braubach und Horchheim treten im Mündungsgebiet der Lahn am rechtsrheinischen Schiefergebirgsrand auch die Talwände zurück und lassen Platz für eine Schwemmebene, auf der sich unter anderem die Stadt Lahnstein entwickeln konnte. Und dann kommt das große ,,Mittelrheinische Becken'', jene durch gewaltige Kräfte aus dem Erdinneren verursachte Einsenkung zwischen Eifel und Westerwald, die der Rheinstrom zwischen Koblenz und Andernach durchzieht. Bei Koblenz treten die linksrheinischen Gebirgs- bzw. Terrassenhöhen zurück, ab Bendorf auch die rechtsrheinischen. Bis vor kurzem hat man von dieser Landschaft als vom ,,Neuwieder Becken'' gesprochen, weil besonders im ostwärtigen Hinterland von Neuwied der Beckencharakter sehr deutlich ausgeprägt ist. Indessen ist diese Bezeichnung recht irreführend (und wissenschaftlich sogar falsch), denn das erwähnte Mittelrheinische Becken reicht weit über den Nahbereich Neuwieds hinaus und ist durch erdgeschichtliche

Spuren und Strukturen erst an den Gebirgsrändern abgrenzbar. Der tiefstgelegene Abschnitt zwischen Koblenz und Neuwied ist hingegen eine Weitung des dort wenig tief gestalteten Rheintals, weshalb die nunmehr in der Geographie eingeführte landschaftliche Benennung ,,Koblenz-Neuwieder Talweitung'' zwar umständlicher, aber erheblich treffender ist.

Eine plötzliche Verengung erfährt das Rheintal dann wieder an der ,,Andernacher Pforte'', wo der Strom einen ehemaligen Felsriegel durchbrochen hat. Danach aber folgen wieder einige kleinere Talweitungen, etwa bei Namedy, abwärts von Rheinbrohl und dann vor allem dort, wo sich die Ahr mit breitem Schwemmkegel ins Rheintal vorschiebt, nämlich in der ,,Goldenen Meile'' zwischen Sinzig und Remagen. So, wie das Wisper- und das Lahntal den Zugang zum Taunus und zum südlichen Westerwald erschließen, eröffnet das Ahrtal den Gebirgskomplex der Eifel, im Unterlauf nur umfassender und gewaltiger erscheinend. Unterhalb der Felsbastion der ,,Erpeler Ley'' gewinnen dann die Weitungen des Tals gegenüber den Engstellen die Überhand. Zwar zwängen sich zwischen Remagen und Rolandswerth die Talhänge über dem Westufer noch dicht an den Strom heran; auf der Gegenseite aber, zwischen Erpel und Unkel sowie zwischen Rheinbreitbach und Rhöndorf, weiten sich ufernahe Verebnungen tief ins Land hinein; Flächen, die häufig genug auch von periodisch auftretenden Hochwassermassen bedeckt sind. — Die Höhe des Roddersbergs (193 m) über Rolandswerth und das Siebengebirge, unter anderem mit dem 321 Meter hohen Drachenfels, sind die letzten Gebirgsausläufer direkt über dem Rheinufer. Von nun an treten die Höhen zurück und flachen ab; Bad Godesberg und Bonn liegen, wie Oberkassel und Beuel, schon in einer trichterartigen Talweitung, die sich rheinabwärts immer mehr erweitert und das Mittelrheintal unversehens in die Niederrheinische Bucht überleitet.

Die durch das weite Mittelrheinische Becken präjudizierte Dreigliederung des Mittelrheintals sowie einige deutliche Unterschiede in der Oberflächengestaltung des Raumes führten zu der inzwischen durchweg geläufig gewordenen Raumgliederung des Mittelrheingebiets in das ,,Obere Mittelrheintal'' zwischen Bingen und Koblenz; in das ,,Mittelrheinische Becken'' mit der ,,Koblenz-Neuwieder Talweitung'', aber auch mit der im Westen angrenzenden Vulkanlandschaft der Pellenz und

mit der Ackerbaulandschaft des Maifeldes; und schließlich in das ,,Untere Mittelrheintal'', das von der Andernacher Pforte bis vor die Tore von Bonn reicht. Dieses Mittelrheintal aber ist mitsamt seinen Randlandschaften das Ergebnis langandauernder erdgeschichtlicher Vorgänge und punktuell unterschiedlicher Entwicklungsschwerpunkte.
Im Erdaltertum, und zwar im Devon vor rund 400 Millionen Jahren, wurden in einem Randmeer eines größeren Ozeans laufend Sand und Schlick abgelagert, die sich in riesigen Zeiträumen zunächst zu horizontallagernden Gesteinsschichten verdichteten, die Mächtigkeiten zwischen 3000 und 4000 Metern erreichten. Während des nächsten Abschnitts der Erdgeschichte, im Karbon und rund 60 Millionen Jahre später, kam es unter einem ungeheueren Druck aus dem Erdinneren zur Aufwölbung, Pressung, Verbiegung und Faltung der devonischen Gesteinsmassen; die einst horizontalen Gesteinsschichten wurden fast durchweg schräggestellt. Gleichzeitig aber und kurz danach erfolgte auch noch eine Hebung des gefalteten Gesteinskomplexes, mit dem Zentrum etwa dort, wo sich heute das Mittelrheinische Becken erstreckt; das erste Rheinische Schiefergebirge war entstanden — allerdings noch ohne die Talachse des Rheinstroms und noch ohne das Netz seiner Nebenflüsse; diese wurden erst runde 200 Millionen Jahre später geschaffen. So lange nämlich geschah auf diesem ersten Schiefergebirge gar nichts, außer daß die sogenannten ,,außenbürtigen Kräfte'' der Natur, die Niederschläge und das abfließende Wasser, Hitze und Kälte sowie der Wind, ständig an der Abtragung des Gebirges arbeiteten. Verwitterung und Abspülung führten dazu, daß das ursprüngliche Relief ausgeglichen und dadurch das Gebirge eingeebnet, eingerumpft wurde. Und erst auf diesem Rumpfgebirge (oder Gebirgsrumpf) konnte sich das heutige Tal- und Gewässersystem entwickeln. Es bedurfte freilich auch hier eines kräftigen äußeren Anstoßes.
Dieser kam aus dem Süden. Dort schoben sich nämlich seit dem ausgehenden Erdmittelalter (etwa 135 Millionen Jahre vor unserer Zeitrechnung) mächtige Gesteinsablagerungen aus einem älteren Mittelmeerbecken von Süden her übereinander, wurden gefaltet und in längeren und kürzeren Phasen gehoben; man kennt diesen Vorgang unter der Bezeichnung ,,Alpenfaltung'' und man verbindet zumindest dessen letzte Großphase mit dem Erdzeitalter des Tertiärs. Eine derartige Bewe-

gung von Massen, die ihrerseits auch wieder nur aus dem Wirken stärkster Kräfte des Erdinneren denkbar ist, konnte natürlich nicht lokal auf den heutigen Alpenraum beschränkt bleiben; vielmehr wirkte sie in der vorgegebenen Schub- und Faltungsrichtung weiter, also nach Norden. Damit aber kam Bewegung in die vor- und frühtertiäre Landschaft: Das Hochgebirge der Alpen legte die Wasserscheide zwischen dem Süd- und dem Nordmeer ein für alle Male fest und damit auch die Hauptabflußrichtungen zum Beispiel des künftigen Rheins; in Süddeutschland hoben sich die Gebirgsschollen mit den Gesteinen des Jura und der Trias, und dazwischen senkte sich allmählich und in mehreren Phasen ein großes Gewässer ein, das spätere Oberrheintal zwischen dem Schwarzwald und den Vogesen vorzeichnend; vulkanische Tätigkeit schuf neue Oberflächenformen, etwa den Kaiserstuhl und den Vogelsberg als die größten deutschen Vulkanmassive.

Von all diesen Vorgängen konnte auch die etwas weiter entfernt liegende „Rheinische Masse", also das alte Rumpfgebirge, nicht unberührt bleiben. Zwar wurden die Schiefer und Grauwacken des nun schon älteren Gebirges nicht erneut gefaltet, aber es setzten — in mehreren Phasen und in verschiedenem Ausmaß und Umfang — Hebungen ein; dies jedoch nicht gleichmäßig und horizontal gleichzeitig, sondern mehr durch eine Art Schaukelbewegung, besonders an den Flanken seitlich und örtlich versetzt. Die gewaltigen und starren Gesteinsmassen hielten allerdings den Hebungskräften nicht unversehrt stand: Sie zerbrachen in größere und kleinere Schollen, bekamen Risse und Sprünge und hoben sich auch nicht mehr gleichmäßig; manche blieben zurück, einige sackten sogar ab. Mit diesen Bewegungen verbunden war übrigens der erste „Rheinische Vulkanismus". Entlang der Klüfte und Risse drang Glutfluß nach oben und führte zur Entstehung der basaltischen Hügel und Vulkandecken des Westerwaldes ebenso wie zur Bildung der markanten Vulkanberge in der Eifel, so des Hochkelbergs, der Nürburg und der Hohen Acht; genannt werden muß in diesem Zusammenhang auch die malerische Gruppe der zahlreichen Siebengebirgsvulkane. Insgesamt wurde das alte Rumpfgebirge in ein Rumpfschollengebirge verwandelt, freilich mit einem durch Hebung erheblich „aufgefrischtem" Relief. Denn mit Beginn der Hebungen im Gebirge wurden die dortigen Gewässer zum ersten Male seit etwa 200 Millionen Jahren ernstlich gezwungen, sich in den Untergrund einzuschneiden und echte Täler zu bilden, unter anderem auch der „Ur-Rhein". Dessen Talsystem ähnelte im Schiefergebirge der tertiären Miozän (vor 23 Millionen Jahren) jedoch noch sehr dem des heutigen Kongo mit einem unübersehbaren Gewirr von Neben- und Seitenarmen, von toten Flußschlingen und Altwässern, von Randseen und Sümpfen — und das alles inmitten einer üppigen subtropischen Vegetation, wie sie für das Tertiär in Mitteleuropa typisch war. Erst im Verlauf einer der letzten kräftigeren Hebungsphasen, die gleichzeitig eine Kippung nach Norden mit sich brachte, erhielt der „Ur-Mittelrhein" über das heutige Mainzer Becken seinen Anschluß an den schon früher entstandenen Oberrhein und über das ebenfalls im Tertiär eingesunkene Schollenmosaik des Mittelrheinischen Beckens nach Norden und zum Nordmeer, dessen Küste man sich gegen Ende des Tertiärs etwa im Verlauf der Linie Eindhofen – Venlo – Kleve – Enschede zu denken hat. Damit war das mittelrheinische System nach Größe und Umfang festgelegt, nicht zugleich jedoch im Hinblick auf sein jetziges Aussehen.

Das Mittelrheintal, wie wir es heute kennen, erhielt seine letzte natürliche Überformung erst in allerjüngster erdgeschichtlicher Zeit. Das subtropische Klima des Tertiärs schwächte sich ab und schickte sich an, ins Gegenteil umzuschlagen; es wurde merklich kühler, und die Niederschlagsmengen nahmen zu. Als Folge dieser Klimaverschlechterung schoben sich aus dem arktischen Festland große Eismassen über die Ostsee hinweg weit nach Süden vor, im Extrem bis an den nördlichen Rand der deutschen Mittelgebirge. Auch von den Alpen aus schoben sich mehrere überdimensional breite Gletscherzungen weit ins nördliche Vorland und fast bis an die Donau heran. Letzteres ist wichtig für die Gestaltung des Rheintals, denn der Rhein hatte damit ja die Funktion des Schmelzwassertransporteurs der alpinen Vergletscherung zu übernehmen. Er führte fortan den „Frostschutt" mit sich, Gesteinstrümmer und Schutt, die sich außerhalb der vom Eis bedeckten Gebiete angesammelt hatten und die mit den Schmelzwässern wegzuführen waren. Aber nicht allein den Gletscherschutt wegführen mußte der Rhein; er war außerdem noch gezwungen, sein Tal auszugestalten. Im Eiszeitalter, dem sogenannten Pleistozän, begann nämlich das Schiefergebirge, sich erneut in kleinen Schüben und um kleinere Beträge zu heben; und in parallelen kleinen

Perioden und Abschnitten mußte sich dieserhalben der Rhein ins Gebirge einschneiden. Jeder Hebungsphase entsprach eine Talvertiefung, jeder Stillstandsphase eine Talverbreiterung, auf der dann jeweils auch das mitgeführte Schottermaterial abgelagert wurde. Schnitt sich der Fluß bei der darauffolgenden Hebung erneut ein, so blieb ein wechselnd breiter Rest des ehemaligen Talbodens als Schotterterrasse zurück, mitunter auch nur als Felsterrasse — wenn nämlich das Transportaufkommen an Schutt und Geröll aus klimatischen Gründen geringer wurde. Am Ende des Pleistozäns, vor etwa 12 000 oder 15 000 Jahren, waren neben zahlreichen kleineren und weniger bedeutenden Terrassenstufen drei wichtige und markante Talterrassen entstanden, die heute mitsamt ihrer unterschiedlichen kulturlandschaftlichen Nutzung den Querschnitt des Mittelrheintals bestimmen und kennzeichnen.

Schematischer Querschnitt durch das Mittelrheintal.

Während des Eiszeitalters entstanden durch periodisch verlaufende Hebungen der Schiefergebirgsmasse mit gleichzeitig einschneidender Tätigkeit des Rheins die Terrassenstufen des sich verengenden Rheintales.
Heute kann man grob drei Terrassenstufen unterscheiden: die ackerbaulich genutzte Hauptterrasse, die mittlere Wein- und Burgenterrasse und die Niederterrasse mit Siedlungen und Verkehrswegen.

Die Verebnungen hinter der obersten Talkante, auf denen sich Ackerbauflächen erstrecken und wo kleine Hofgruppen und Weiler liegen, gehören zu der ältesten Terrasse, der Hauptterrasse. Diese leitet nach Osten und nach Westen unter unmerklichem Anstieg allmählich in die ,,Trogfläche'' über, also in den Talboden des Ur-Rheins vor seiner Eintiefung in das Gebirge. Hauptterrasse und Trogfläche sind mit Orten wie Langschied, Dörscheid, Niederburg, Patersberg, Werlau, Lierschied und Nochern über dem Oberen Mittelrheintal oder mit Niederlützingen, Dattenberg, Ohlenberg, Orsberg und Bruchhausen über dem Unteren Mittelrheintal die älteren und bevorzugten Siedlungsplätze im Mittelrheingebiet. Wegen der häufigen Zerschneidung durch seitlich einmündende Bäche ist die nächstniedrige (und damit erdgeschichtlich jüngere) Talterrasse stark reduziert und besteht nur noch aus Restflächen. Diese sind aber groß genug gewesen, um den Menschen zum Bau von Schutz- und Wehranlagen zu motivieren, die in dieser halbhohen Hanglage nahezu unangreifbar waren. Die Mittelterrasse ist daher Standort der meisten Rheinburgen und -schlösser und wird daher zu recht auch als ,,Burgenterrasse'' bezeichnet. Ganz am Fuß der Talhänge, nur wenige Meter über dem Wasserspiegel des Rheins und manchmal sogar in dessen gefährlicher Nähe, breitet sich die unterste und jüngste der eiszeitalterlichen Terrassen aus, die Niederterrasse. Diese liegt in der Regel außerhalb des Überschwemmungsbereichs und hat daher vom Zeitpunkt der Besiedlung des Rheintals an sowohl die Verkehrswege aufgenommen als auch die wichtigen Siedlungen, meist Handelsniederlassungen oder Märkte und heute fast ausnahmslos kleine Städte. Die Kulturlandschaft des Mittelrheintals hat sich den naturgeographischen Gegebenheiten voll angepaßt.

Städte und Burgen am Mittelrhein

Als der Mensch begann, die rheinische Landschaft zu besiedeln, mußte er sich durchweg den naturgegebenen Zwängen unterwerfen. Und eben diese verboten eine frühe Besiedlung des Kerngebiets, nämlich des Mittelrheintals selbst. Dieses Engtal war nämlich unwegsam, überschwemmungsgefährdet und bot zudem kaum Möglichkeiten für eine landwirtschaftliche Nutzung, vor allem für Ackerbau. So wurden für die mittel- und jungsteinzeitlichen Siedler die freien und offenen Flächen des Mittelrheinischen Beckens, am Niederrhein, im Mainzer Becken oder im Rheinhessischen Tafelland viel interessanter; hier liegen die ältesten nachweisbaren Dauersiedlungen im weiteren Bereich der Rheinlande. Noch bis in die Frühlatènezeit (475—225 v. Chr.) hinein wurde die Rheintalfurche gemieden; die jüngere „Hunsrück - Eifel - Kultur" hatte sich zwar inzwischen auch in die Gebirge ausgeweitet, schob sich mit ihren Höhenburgen aber nur an den Hauptterrassenrand über dem Tal vor. Es blieb der römischen Besatzungsmacht vorbehalten, das Talgebiet für die Besiedlung und für die wirtschaftliche Nutzung durch den Menschen zu erschließen.

Strategische Gesichtspunkte gaben hierfür den Ausschlag. Das Untere Mittelrheintal war streckenweise die Grenze gegen die germanischen Tencterer im Osten; das Kastell CAPUT LIMITIS (Rheinbrohl) war der Ausgangspunkt des Limes, jenes gewaltigen römischen Grenzwalls, der sich durch ganz Mitteleuropa hinzog; die Hauptstädte der beiden römischen Provinzen GERMANIA SUPERIOR und GERMANIA INFERIOR lagen am Rhein: MOGUNTIACUM (Mainz) oberhalb des Gebirgsdurchbruchs, COLONIA AGRIPPINENSIS (Köln) unterhalb; die kürzeste Verbindung zwischen beiden Städten war durch das Mittelrheintal vorgezeichnet. Die hochwasserfreie Niederterrasse konnte die mit einigem technischem Aufwand angelegte Heerstraße zwischen Mainz und Köln aufnehmen und damit die Militär- und Handelstransportverbindungen unabhängig von den Jahreszeiten gewährleisten; in Mündungstrichtern von Nebenbächen und in Talweitungen blieb noch Raum zur Anlage von Hilfslagern und Versorgungspunkten. In jener Zeit entstanden die Vorläufer zahlreicher Städte am Rhein: BINGIUM (Bingen), VOSOLVIA

(Oberwesel), SALISIO (Bad Salzig), BOUDOBRIGA (Boppard), CONFLUENTES (Koblenz), ANTUNNACUM (Andernach), SENTIACUM (Sinzig) und RIGOMAGUS (Remagen). Hand in Hand mit dieser Besiedlung ging aber auch eine innere Kolonisation, als deren Ergebnis im übrigen auch die Anfänge des systematischen Rebenanbaus genannt werden müssen, seit dem Ende des 1. nachchristlichen Jahrhunderts und zunächst noch ohne Terrassenanlagen auf den weniger steilen Schiefergebirgshängen.

Weder die Kulturlandschaft noch die politische Landschaft blieben indessen in diesem Zustand. Das römische Weltreich zerbröckelte, die römische Städtekultur erlebte auch im Rheinland ihren Niedergang. Neue Herren und Kulturträger wurden die Franken, deren Reihenfriedhöfe und Königsgüter heute dicht neben den römischen Relikten zu finden sind, was beweist, daß die Kontinuität der Besiedlung gewahrt blieb. Interessant ist, daß die weltlichen Herrscher anfänglich wenig für den Ausbau des Landes geleistet haben; ihre Güter bestehen großenteils nur aus Waldungen. Dort jedoch, wo Land an die Klöster vergeben wurde, erfolgte unter anderem der Terrassenbau an den steilen Talhängen und damit die Grundlegung für die heutige Weinbaulandschaft.

Die Weiterentwicklung der Verkehrstechnik ab dem 12. Jahrhundert sowie das Aufblühen von Handel und Gewerbe setzten neue Akzente. Das Rheintal wandelte sich zur größten Verkehrsader und Verbindungslinie zwischen Süd- und Norddeutschland, die Städte jedoch zu Handelsplätzen, auch mit bescheidener gewerblicher Produktion. Leider war dieser Prosperität kein ungestörtes Wachstum beschieden; denn in den Fehden des niedrigen und des höheren Adels der ausgehenden Stauferzeit wurde auch den bürgerlichen Handelsherren und Gewerbetreibenden übel mitgespielt. Zwar schlossen sich die Städte des Rheinlandes zu ihrem gegenseitigen Schutz 1254 zum großen „Rheinischen Bund" zusammen, dem im Mittelrheingebiet auch Bingen, Diebach, Bacharach, Oberwesel, Boppard, Andernach und Sinzig angehörten; noch heute bezeugen die alten Stadttürme und die Mauerreste dieser Orte von einstiger Wehrhaftigkeit. Aber dieser Bund hatte gegen die vereinigte Macht der Großen nicht lange Bestand; nach und nach geriet auch der mittelrheinische Raum unter die Herrschaft mächtiger Landesherren, vor allem der geistlichen Kurfürsten. Oberwesel, Boppard und Koblenz wurden trierisch,

Koblenz im 18. Jahrhundert sogar trierische Residenz. Südlich daran grenzte das Territorium des Mainzer Kurfürsten-Erzbischofs, zu dem unter anderem Bingen, Heimbach, Trechtingshausen, Lorch und Aßmannshausen gehörten. Der Kurfürst von Köln legte seine Hand auf das nördliche Gebiet mit Linz und Unkel, Andernach und Rhens, das dem kurmainzischen Oberlahnstein genau gegenüberlag. Weltliche Mitbesitzer am Mittelrheintal waren die Herzöge von Jülich und Berg, die zum Beispiel über Remagen und Sinzig herrschten; dann die Grafen von Wied mit ihren Besitzungen in und um Neuwied; schließlich die Grafen von Katzenelnbogen, denen St. Goar und St. Goarshausen gehörten und endlich die Pfalzgrafen bei Rhein mit ihrer Herrschaft über Bacharach und Kaub. Das Mittelrheintal war also völlig aufgeteilt.
Zweifelsohne war eben diese Aufteilung und Zuordnung zu doch recht unterschiedlichen Herrschaftssystemen mit auch unterschiedlichen politischen Bestrebungen ein kräftiger Hemmschuh in der weiteren wirtschaftlichen Entwicklung dieser Städte. So kam es in keinem Falle zur Herausbildung eines gewerblichen oder Handelsschwerpunktes; auch

St. Goarshausen

entstand nirgendwo ein kulturelles Zentrum oder ein überregionaler geistiger Mittelpunkt; Provinzialismus bestimmte Struktur und Ordnung der kleinen Rheinstädte bis weit in die neue Zeit hinein. Es erblühte der Typus der Weinbauern- und Bürgerstädtchen, die ihr Gegenstück in den ähnlich strukturierten schwäbischen und fränkischen Ackerbürgerstädtchen haben. Daran änderte auch der gelegentliche Wechsel der Oberherrschaft im Mittelrheingebiet nichts; weder die Franzosen zwischen 1803 und 1814 noch die Preußen von 1816 bis 1945 bewirkten Wesentliches oder gar grundlegend Neues. Im Grunde war dies freilich ein Glück: So konnten die Städte ihr mittelalterliches Image bewahren und pflegen und just in dem Moment auf den Markt bringen, als die Bewegung der Rheinromantik den Fremdenverkehr initiierte, der heute allein in den sechs Städten Bacharach, Kaub, Oberwesel, St. Goar, St. Goarshausen und Boppard rund 185 000 Übernachtungsbesucher mit über 670 000 Übernachtungen pro Jahr erbringt — von einem Vielfachen an Tagesausflüglern und Durchreisebesuchern ganz zu schweigen.

Daß die ,,moderne'' Zeit des 20. Jahrhunderts an diesen Städten nicht vorübergegangen ist, wird trotz aller Romantik allenthalben deutlich. Ist der große Rangier- und Verschiebebahnhof von Bingerbrück noch ein Erbe preußischer Verkehrs- und Erschließungspolitik und somit bereits ,,Geschichte'', so sind zum Beispiel die großen Quarzitsteinbrüche bei Trechtingshausen ebenso Gegenwart wie die Sand- und Kiesbaggereien vor allem im Mittelrheinischen Becken oder die Schiffswerften in Boppard, Spay, Lahnstein, Rheinbrohl oder Remagen. Fast jede der Gemeinden des Oberen Mittelrheintals hat heute eine wenn auch noch so bescheidene Gewerbeniederlassung, seien dies nun Baufirmen, Lagerhaltungen, Speditionen oder Getränkehersteller, letztere unter Ausnutzung natürlicher Kohlensäurevorkommen als Nachläufer des ehemaligen rheinischen Vulkanismus; Boppard, Braubach und Lahnstein sind allerdings schon stärker mit Industrie durchsetzt. Zwischen Koblenz und Andernach durchfließt der Rhein im Mittelrheinischen Becken aber eine reine Industrielandschaft, beginnend mit dem Industriegebiet am neuen Koblenzer Rheinhafen und mit den Werken der Bendorfer Hütte auf der gegenüberliegenden Seite, endend mit den Lagern, Hallen und Produktionsstätten der Städte Neuwied und Andernach. Überall dominieren flächengreifende Großanlagen — wohl zum Nutzen der städtischen

Andernach

Finanzen, nicht immer zugleich jedoch zur Freude der Bewohner. Im Unteren Mittelrheintal klingt die Industrialisierung wieder ab, ohne freilich ganz aus den Ortsbildern zu verschwinden; Brohl ist ein kleiner Schwerpunkt, Rheinbrohl, Linz, Sinzig, Remagen und Oberwinter sind weitere und größere. Gegenwart und Geschichte sind nahe aneinandergerückt.

In sehr enger Verbindung mit der politischen Entwicklung der rheinischen Territorien im Mittelalter sind die Burgen zu sehen. Es war ja nicht die Freude an der schönen rheinischen Landschaft oder an der Natur des Rheinstroms, welche die Großen der damaligen Zeit nach Anteilen am mittelrheinischen Raum greifen ließ. Das Mittelrheintal war ein Handelsweg, und an Handelswegen wurde von all denjenigen Wegezoll erhoben, durch deren Gebiet ein solcher Weg führte. Ursprünglich war das Zollrecht ein ausschließlich königliches Recht; die Staufer und deren Nachfolger waren jedoch gezwungen gewesen, dieses Recht — neben manchen anderen — aus der Hand und an die Territorialherren weiterzugeben, um deren Botmäßigkeit zu erkaufen. Und so entstanden unter anderem im Mittelrheintal zwischen Bingen und Bad Godesberg 24 Zollstätten im Rhein, am Ufer des Rheins und auf den Anhöhen über dem Rhein. Dazu kamen Wehr- und Trutzburgen zur rein strategischen Sicherung der Territorien oder zur Sperrung von Zugängen in das Schiefergebirge, wo sich auf den Hochplateaus die wildreichen Waldungen, die Dörfer und die Ackerflächen befanden, zum Teil auch Gruben mit wertvollen Metallerzen.

Am Eingang des Mittelrheintals liegt der Mäuseturm, eine im frühen 13. Jahrhundert erbaute Zollstätte, die zusammen mit der Burg Klopp über Bingen und der Burg Ehrenfels bei Rüdesheim einen strategischen Riegel von hoher Bedeutung darstellt und gleichzeitig kundtut, wie mächtig die Mainzer Kurfürsten im Hoch- und Spätmittelalter waren. Älter noch ist die Burg Rheinstein oberhalb von Trechtingshausen; sie war ebenfalls mainzisch, wurde aber von König Rudolf I. von Habsburg auch als „Gerichtsburg" genutzt, der von hier aus seinen Kampf gegen das Raubrittertum führte. Sitz eines solchen Raubritters war die benachbarte Burg Reichenstein, die im Laufe ihrer bewegten Geschichte gleich dreimal zerstört wurde. Wie Reichenstein gehörte auch die Burg Sooneck ursprünglich zur Abtei Kornelimünster; wie diese wurde auch sie als Raubritternest belagert und zerstört, im Mittelalter und später noch einmal. Die Heimburg (oder auch Burg Hohneck) hingegen war eine Grenzburg von Kurmainz gegen den Herrschaftsbereich des Kurfürsten von der Pfalz — irgendwann im 17. Jahrhundert ist auch sie abgebrannt. Schräg gegenüber liegt über dem Ausgang des Wispertals die Ruine Nollig; sie wurde als Teil der Stadtbefestigung von Lorch schon um 1100 urkundlich erwähnt, scheint aber keine besonderen geschichtsträchtigen Schicksale gehabt zu haben.

Den mächtigen Bergfried des Fürstenbergs über Rheindiebach hat schon Victor Hugo gerühmt. Die Burg war kurpfälzisch, wurde dann aber 1321 von König Ludwig dem Bayern belagert und eingenommen; denn auch der deutsche König wollte seinen angemessenen Anteil am Rheinzoll haben, trotz vergebener Zollrechte. Es gab da ohnehin schon eine bayerische Basis: Die 1135 erstmals erwähnte Burg Stahleck bei Bacharach geriet nämlich aus kölnischen in staufische Hände und wurde 1214 von Kaiser Friedrich II. an das Haus Wittelsbach übertragen. Vor 1327 erbaute König Ludwig dann auch noch die Inselfestung des Pfalzgrafenstein bei Kaub, heute kurz — und fälschlich — „die Pfalz" genannt. Damit hatte

auch das bayerische Herrscherhaus sein ,,Burgen- und Zoll-Dreieck'' am Rhein, so, wie die Mainzer einige Kilometer oberhalb, im und am Strom bei Bingen.
Die Familie der Falkensteiner war 1257 im Besitz der Burg Gutenfels. Aus dieser Familie ging auch der Trierer Erzbischof Kuno hervor — und so kam Kurtrier auf dem steilen Bergvorsprung über Kaub zu einem günstig gelegenen Stützpunkt. Schon um 1277 ging die Burg zusammen mit der Stadt Kaub in kurpfälzische Hände über. — Die Herren von Schönenberg oder Schomberg saßen als Vögte von Oberwesel auf dem Reichslehen der Schönburg. Offenbar artete der Streit, den im 14. Jahrhundert das Reich, Kurtrier und die Kurpfalz um diese Burg führten, in einen handfesten Familienzwist aus; denn die drei Zweige der Familie bauten sich dort auf demselben Berg und in derselben Burganlage ihre eigenen Burghäuser, gegeneinander wohl abgesichert.
Mit dem Bau der Burg ,,Neu-Katzenelnbogen'' verfolgte das Grafengeschlecht aus dem Taunus das mehrfache Ziel, erstens einen militärischen Stützpunkt am Rhein zu erhalten, zweitens eine Nebenburg für die Residenz zu gewinnen und drittens die Verbindung zwischen der Burg Reichenberg, abseits vom Rhein im Hasenbachtal, und der Burg

Linz

Rheinfels zu sichern. Die beherrschende Lage der Burg Katz gegenüber der mächtigen Burganlage über St. Goar läßt erkennen, welche Einfälle und Mittel schon früher zur Durchsetzung machtpolitischer Interessen aufgewendet wurden. Rheinfels, zunächst nur eine Zollburg, wurde nach und nach das eigentliche Verwaltungszentrum der Grafen von Katzenelnbogen. Unter den Landgrafen von Hessen als deren Erben wurde die Burg selbst zu einem Renaissanceschloß umgebaut, die Gesamtanlage aber zu einer der stärksten Festungen Deutschlands ausgebaut.

Burg Peterseck oder Thurnberg war der Ort, wo der schon bekannte Trierer Erzbischof und Kurfürst Kuno von Falkenstein gestorben ist. Er hatte diese Burg nach fast dreißigjähriger Bauzeit vollendet. Die ehemaligen Namen der Burg sind heute weitgehend unbekannt; wahrscheinlich ging die Bezeichnung ,,Burg Maus'' — die nunmehr offiziell gültig ist — aus einer Neckerei hervor, die in Zusammenhang mit dem Namen der ,,Burg Katz'' zu bringen ist. Die zwischen 1900 und 1906 wieder instandgesetzte Anlage gilt als eine der schönsten unter den rheinischen Burgen. — Die Sage weiß auch von zwei Brüdern, die einander so feindlich waren, daß sie sich bis aufs Blut quälten und bekämpften. Wahrscheinlich haben die gewaltigen Schildmauern zwischen beiden Burgen zum Aufkommen dieser Vorstellung beigetragen. Der Sterrenberg war schon im 12. Jahrhundert eine Reichsburg, die sich im Besitz der Herren von Bolanden und hernach der Grafen von Sponheim befand, ehe sie in trierische Hände gelangte. Liebenstein, etwa 100 Jahre jünger, ging aus Nassau-Saarbrückener Besitz zusammen mit dem kleinen Ort Osterspay an einen Reichsritter über.

Unbestritten das Glanzstück der rheinischen Burgen ist die Marksburg über Braubach, die seit dem 13. Jahrhundert bekannt ist. Auch sie hatte verschiedene Besitzer: Herren von Eppstein, dann die Grafen von Katzenelnbogen, danach die Landgrafen von Hessen, schließlich die Herzöge von Nassau und endlich das Land Preußen; dann aber — seit 1900 — die damalige ,,Vereinigung zur Erhaltung deutscher Burgen'' beziehungsweise die heutige ,,Deutsche Burgenvereinigung e. V.''. Selbst die Schäden durch Artilleriebeschuß im März 1945 konnten ihr den Ruf nicht nehmen, daß sie die einzige vollständig erhaltene mittelalterliche Höhenburg am Rhein sei oder — wie sich Magnus Backes ausdrückte — ,,ein Musterbeispiel mittelalterlicher Wehr- und Wohnarchitektur''.

Viel seltener als die Höhenburgen sind die Stadtburgen am Rhein. Sie gehörten in der Regel nicht zu den jeweiligen Stadtbefestigungen, sondern waren im Gegenteil gegen die Stadt noch gesondert bewehrt und geschützt. In Boppard legte der Kurfürst Balduin von Trier eine solche Stadtburg an, um die widerspenstigen Bürger von Boppard unter Druck und Kontrolle zu halten, besonders nach deren Aufstand gegen die Trierer Oberhoheit im Jahre 1327; nach dem Großbrand von 1499 wurde diese Zwingburg innerhalb nur eines Jahres wieder aufgebaut. — Etwas später errichteten die Mainzer Kurfürsten am Rheinufer bei Oberlahnstein mit der Martinsburg ebenfalls eine Stadtburg, zwar als Zollburg für den Rheinverkehr, aber gegenüber der Stadt aus gutem Grunde durch Graben und Mauern geschützt. Die Martinsburg liegt übrigens auch im Schutze der Burg Lahneck, der schon um 1240 angelegten nördlichsten kurmainzischen Festung, die infolge der Grenzlage besonders gut gesichert war. — Ihr genau gegenüber liegt das Schloß Stolzenfels. Es hat als Befestigung nur noch wenig mit dem zu tun, was um 1250 hier als kurtrierische Zollburg angelegt worden war. Stolzenfels war eine der vielen Burgen, die während der Franzoseneinfälle des ausgehenden 17. Jahrhunderts verbrannt oder geschleift wurden. Erst zwischen 1825 und 1843 wurde es durch den bekannten Baumeister Karl Friedrich Schinkel im Auftrage des Königs von Preußen neu erbaut; neugotische Elemente überdecken hier die mittelalterliche Bausubstanz.

Aus den Vorstellungen über rheinische Höhenburgen fällt der Ehrenbreitstein völlig heraus. Denn bei dieser ausgedehnten Festungsanlage mit Vorwerken und Bastionen, Ecktürmen und Wällen erinnert nichts mehr an die alte Burg der Erzbischöfe von Trier, erbaut in der zweiten Hälfte des 12. Jahrhunderts und ausgebaut am Ende des 14. Jahrhunderts. Über Jahrhunderte hinweg wurde hier ständig ausgebaut und erweitert — bis dann der gesamte Komplex der fast malerischen Renaissancefestung 1801 von französischen Truppen gesprengt wurde. Die strategische Bedeutung des Standorts aber blieb erhalten und veranlaßte die preußische Regierung, die Festung zwischen 1817 und 1828 wieder aufzubauen beziehungsweise zu einer der stärksten Festungen Europas ausbauen zu lassen. Der Ehrenbreitstein überstand den Ersten und den Zweiten Weltkrieg unbeschadet und ist hoch über Koblenz ein Zeuge bewegter geschichtlicher Abläufe. Im übrigen ist das Rheintal innerhalb des Mittelrheinischen Beckens sonst

frei von Burgen. Erst weit im Westen, in der Pellenz und am Rande der Eifel finden sich vereinzelt kleinere Höhenburgen.
Im unteren Mittelrheintal beginnt die Reihe der mittelalterlichen Befestigungsanlagen mit der größten Stadtburg am Rhein, der erzbischöflichkölnischen Burg in Andernach. Die Ruine und das Trümmerfeld lassen einiges von der Größe und der Ausdehnung der ehemaligen Zwingburg ahnen; die Außenwände des Pallas, ein Rundturm und der Bergfried sind noch erhalten. — Bis auf wenige Mauern völlig zerstört ist die Burg Hammerstein, die Reichsburg aus dem 11. Jahrhundert. Hierher flüchtete einstmals der glücklose Kaiser Heinrich IV. vor seinem Sohn; Hammerstein beherbergte in jener Zeit sogar die Reichskleinodien. — Dreimal zerstört und dreimal wieder aufgebaut wurde Rheineck, ehemals im Besitz der Familie von Bethmann-Hollweg. Erbaut wurde sie von den Grafen von der Pfalz, erobert zuerst von König Konrad III., dem ersten Stauferkönig, dann vom Kölner Erzbischof, danach von König Rudolf von Habsburg und schließlich von den Truppen Ludwigs XIV. 1832 konnte sie völlig neu erbaut werden.

Unter den wenigen Burgen und Schlössern, die im Verlauf der mittelalterlichen Fehden oder der Réunionskriege nicht zerstört wurden, ist das Schloß Arenfels. Es liegt am nordwestlichen Ortsrand von Bad Hönningen, nicht in normaler Mittelterrassenhöhe, sondern tiefer am Hang. Die ursprüngliche Burg wurde um 1260 erbaut, bekam in der Renaissancezeit und während des Barocks größere Erweiterungen, verfiel dann aber nahezu vollständig und fast von selbst. Erst zwischen 1849 und 1855 wurde sie teils wiedererrichtet, teils restauriert; das Schloß soll — der Zahl der Tage im Jahr entsprechend — 365 Fenster haben. — Wenigstens teilweise wiederaufgebaut wurde auch die Burg Dattenberg, ehemals kurkölnisches Lehen und am vorderen Rand der Rheinterrassenfläche gegenüber der Ahrmündung gelegen. Möglicherweise fiel ihr einstmals die Aufgabe zu, den Ahrtalausgang zu überwachen, wo auf der Landskron eine Reichsburg stand, die kurkölnisches Gebiet bedrohte. — In Linz, der bunten Stadt am Rhein, erheben sich an der Rheinfront Reste der 1365 von den Kölner Erzbischöfen erbauten Stadtburg, so der in der Spätgotik mit einem Aufsatz versehene Bergfried. Linz gehörte übrigens von 1250 bis 1803 ununterbrochen zum Kurfürstentum Köln. — Auch die „Burg zur Leyen“ oder Burg Ockenfels war Kölner Lehen, das allerdings mehrmals

Rolandsbogen, Drachenfels, Nonnenwerth

den Besitzer wechselte und 1475 auch zerstört wurde; erst nach 1924 erfolgte ein Wiederaufbau.

Roland, der Paladin Karls des Großen, soll auf der linksrheinischen Höhe über der Insel Nonnenwerth vor Trauer über den Verlust seiner ins Kloster eingetretenen Geliebten gestorben sein; so weiß es wenigstens die Sage. Geschichtlich belegt ist die Burg Rulcheseck allerdings erst seit 1040 und als Kölner Zollburg. 1475 wurde sie wahrscheinlich im Neußer Krieg zerstört und verfiel dann; 1840 stürzte der letzte Fensterbogen zusammen, konnte aber aufgrund einer Initiative des Dichters Ferdinand Freiligrath wieder aufgebaut werden. Der „Rolandsbogen" war besonders in der zweiten Hälfte des 19. Jahrhunderts und bis zum Beginn des Ersten Weltkriegs bevorzugtes Ausflugsziel der feudalen Bonner Studentenschaft, denn er war der Inbegriff aller Rheinromantik geworden. Es drängen sich hier zusammen, was Dichter besungen und Maler gemalt hatten: efeuumsponnene Ruinen, der breite Rheinstrom mit grünenden und blühenden Obstwiesen an beiden Ufern, die letzten rheinischen Weinbergsterrassen an steilen Hängen und dahinter die prächtige Kulisse des Siebengebirges mit der Ruine auf dem Drachenfels, erbaut während der Blütezeit des alten Reiches und zerstört während des Niedergangs im Dreißigjährigen Krieg.

„. . . Ihre Dächer sind gefallen, und der Wind streicht durch die Hallen . . .“ — das ist das Schicksal fast aller mittelalterlichen Burgen in Deutschland, besonders aber am Rhein. Allerdings wurde dieses Erbe hier besonders gut gepflegt und erfüllt auch in der Gegenwart seinen Zweck. Eine ganze Reihe von Ruinen und Burgen steht zur Besichtigung frei und bildet daher Anziehungspunkte für den Fremdenverkehr; andere, wiederaufgebaut und restauriert sind in Hotels umgewandelt oder besitzen eine anspruchsvolle Gaststätte; wieder andere beherbergen Museen von beträchtlichem kulturwissenschaftlichen und erzieherischen Wert; Stahleck, Schönburg, Katz und Gutenfels aber dienen der Betreuung der Jugend und der Pflege des europäischen Gedankens. Hier liegt die Fortsetzung der Universalität des mittelalterlichen Reiches.

Vom Binger Loch zum Siebengebirge

Mäuseturm bei Bingerbrück

Der Mäuseturm, im 13. Jahrhundert von den Mainzer Erzbischöfen auf einer Felsklippe mitten im Rhein errichtet, kündigt den Beginn des engen Mittelrheintals an. Gesteinsschichten des widerstandsfähigen Taunusquarzit treten nahe an den Rheinstrom heran und zwingen ihn, seinen Talgrund stark einzuengen. Im Strombett aufgetürmte Gesteinslagen bilden die von der Schiffahrt gefürchteten Riffe und Untiefen des Binger Lochs. ▷

Burg Ehrenfels bei Rüdesheim

Unterhalb von Rüdesheim entstand im 13. Jahrhundert nahe den aufsteigenden Höhen des Rheinischen Schiefergebirges die Burg Ehrenfels. Die Zollburg des Mainzer Erzbischofs, deren Befestigungsanlagen sich bis an die Ufer des Rheins ausdehnten, liegt seit der Zeit des Französischen Erbfolgekrieges in Trümmern. An der bedrohten Bergseite schützte die fünf Meter hohe mächtige Schildmauer mit den Ecktürmen die Burgbewohner. Rheinseitig blicken die leeren Fenster der Palasruine ins Stromtal.

Aßmannshausen/Rheingau

Im als Binger Pforte bezeichneten Talabschnitt des oberen Mittelrheins verhinderte das robuste Quarzitgestein die Zerschneidung und Einkerbung der geschlossenen Talwände. Nur dort, wo weichere Schieferschichten den Quarzit unterbrachen, entstanden schmale Seitentäler, die die Siedlungsentwicklung ermöglichten. Auf einer solchen schmalen Talerweiterung liegt das malerische Städtchen Aßmannshausen, welches durch seine ausgezeichneten Rotweine berühmt und zur bekanntesten Weinbaugemeinde des Rheingaus wurde.

Burg Reichenstein bei Trechtingshausen

Über das Alter der Burg Reichenstein bei Trechtingshausen, im romantischen 19. Jahrhundert auch Falkenburg genannt, gibt es keine genauen Quellenangaben. Allein der Stamm des an der Außenmauer wachsenden tausendjährigen Efeus bedeutet uns den Beginn der Burgengeschichte. Im Mittelalter war die Wohnturmburg ohne Bergfried eine gefürchtete Raubritterburg, deren Herren die Schiffe ausplünderten, die vom Ufer aus durch das gefährliche Binger Loch getreidelt werden mußten.

Bibliothek der Burg Reichenstein

Burg Reichenstein wurde während der romantisch geprägten Epoche des 19. Jahrhunderts im Stil der damaligen Zeit ausgebaut und restauriert. Heute beherbergt die ehemals trutzige Ritterburg ein interessantes und sehr schönes Museum für Waffen und Kunstschätze vieler Art. Das Bild zeigt die stilvoll eingerichtete Bibliothek der Burg mit einer großen Sammlung wertvoller historischer Buchbände.

Burg Hohneck über Niederheimbach

Über dem Winzerort Niederheimbach ließ der Mainzer Erzbischof im 13. Jahrhundert Burg Hohneck, auch die Heimburg genannt, erbauen. Sie schützte den Zugang zum Heimbachtal und sollte die Macht des Mainzer Erzbistums gegen den Pfälzer Kurfürsten verteidigen, der durch den Erwerb mehrerer Burgen im Grenzgebiet zwischen Kurmainz und Kurtrier die Herrschaft in diesem Raum anstrebte.

Oberheimbach

Die beiden Gemeinden Nieder- und Oberheimbach bewirtschaften gemeinsam die Weinbaugemarkungen des Heimbachtales. Winzer aus diesen beiden Gemeinden waren es auch, die sich 1925 zum ersten genossenschaftlichen Rebenwiederaufbau mit Flurbereinigung zusammenfanden. Das linksrheinische Heimbachtal war in fränkischer Zeit die Grenze zwischen dem Nahe- und dem Trechirgau. Später verlief hier die Bistumsgrenze zwischen Mainz und Trier.

Ruine Fürstenberg

Oberhalb von Rheindiebach erhebt sich am Eingang zum Gailsbachtal die Ruine Fürstenberg. Sie hat der sie umgebenden Weinlage den Namen gegeben. Von der gegenüberliegenden Hangseite hat man eine phantastische Sicht ins Bacharacher Rheintal. Keine geschlossenen Talhänge wie an der Binger Pforte, sondern Bergsporne und tiefe Talkerben bestimmen in dichter Aufeinanderfolge das Bild der Landschaft. Linksrheinisch liegt Bacharach vor den steil aufstrebenden Weinlagen des Blüchertales.

Lorch und Burg Nollig

An der weiten, tief in den Taunus eingreifenden Ausmündung des Wispertales in den Rhein entwickelte sich auf dem stark verbreiterten Talgrund die Stadt Lorch. Der Nähe zum Binger Loch verdankte die Gemeinde ihren frühen Reichtum. Bereits im Mittelalter war Lorch Anlaufpunkt für die Rheinschiffahrt. Da die großen Handelsschiffe die gefährlichen Untiefen des Binger Lochs nicht passieren konnten, mußte ihre Ware in Lorch auf kleinere Schiffe verladen oder von dort auf dem Landweg weitertransportiert werden.

Oberdiebach

In Oberdiebach entwickelte sich der Weinbau wie in allen Gemeinden des südlichsten Mittelrheintals relativ spät. Erst im Jahre 1091 wurden die Oberdiebacher Rebkulturen zum ersten Mal urkundlich erwähnt. Die verspätete Entwicklung gegenüber den Weinorten des mittelrheinischen Beckens erklärt sich aus der Steilheit der Hänge im südlichen Engtal. Erst die Entdeckung des Terrassenbaus machte die Oberdiebacher Steilhänge für den Weinbau nutzbar.

Manubach im Diebachtal

Nur wenige Kilometer abseits des regen und lebhaften Rheinstromes findet der erholungsuchende Rheintourist in den kleinen, westlich des Flusses gelegenen Seitentälern eine Oase der Ruhe. Von Rheindiebach kommend erreicht er über Oberdiebach die kleine Weinbaugemeinde Manubach. Sie liegt eingebettet zwischen herrlichen Wäldern und den der Sonne zugewandten Weinbergen im stillen, sich allmählich zum Hunsrück hinaufschlängelnden Diebachtal, welches bei Oberdiebach als Abzweigung vom Gailsbachtal seinen Anfang nimmt.

Bacharach

Umrahmt von Weinbergen und einer faszinierenden Landschaft liegt die altehrwürdige Weinstadt Bacharach am Zugang zum Blüchertal. Der Weinanbau und die historische Bedeutung als mittelalterlicher Weinhandelsplatz sind verantwortlich für den Ruhm der Stadt. Aber in Bacharach wurde auch politische Geschichte gemacht. 1194 fand auf Burg Stahleck die Hochzeit Agnes von Hohenstaufen mit dem Welfenprinz Heinrich statt, die zur Versöhnung der verfeindeten Fürstengeschlechter beigetragen hat. ▷

Blick auf Lorchhausen

Bei Lorchhausen, dem nördlichsten Ort des Rheingaukreises, verläuft die südliche Grenze zum Weinanbaugebiet Mittelrhein, das mit den Weinlagen der Gemeinde Kaub seinen rechtsrheinischen Anfang nimmt. Aber nicht nur zwei verschiedene Anbaugebiete grenzen hier aneinander. Das schmale Betzbachtal trennt auch die Bundesländer Hessen und Rheinland-Pfalz.

Fachwerkhäuser in Bacharach

Trotz der zahlreichen Zerstörungen und Brände in historischer Zeit konnte man in Bacharach das mittelalterliche Stadtbild erhalten. Neben den befestigten Wehranlagen sind es besonders die historischen Fachwerkhäuser, die die Besucher der Stadt begeistern. Der schönste und bekannteste Fachwerkbau ist das im 16. Jahrhundert erbaute „Alte Haus" am Marktplatz, dessen spitze Giebel und der runde Erker mit rotem Fachwerk ausgestattet sind.

Blick aus den Weinbergen auf Bacharach

Aus den steil ansteigenden Weinlagen rund um Bacharach eröffnet sich dem Betrachter ein herrlicher Blick auf die Weinstadt und den Rhein. Im Zentrum des historischen Stadtkerns erhebt sich mächtig die Pfarrkirche St. Peter, deren Baustil den Übergang von der Romanik zur Gotik widerspiegelt. Die rebenbestandene mittelrheinische Landschaft lädt ein zu langen Spaziergängen. In den vielen Gasthäusern kann sich der Wanderer bei einem Glas Mittelrheinwein für den Weitermarsch stärken.

Weinbaugemeinde Steeg

Westlich von Bacharach liegt zwischen den aufstrebenden Berghängen des Blüchertales die kleine Weinbaugemeinde Steeg. Die heute nach Bacharach eingemeindete Siedlung unterhalb der Burg Stahlberg erhielt im Mittelalter ähnlich wie Bacharach, Oberdiebach und Manubach die Rechte eines gefreiten Dorfes. Die Region um die vier Talgemeinden wurde seit dieser Zeit als ,,land der dele'' oder im heutigen Sprachgebrauch als Viertälergebiet bezeichnet.

Pfalzgrafenstein

Der Pfalzgrafenstein, eine ehemalige kurpfälzische Zollfeste, wurde bereits zu Beginn des 14. Jahrhunderts zur Erleichterung der Zolleinnahmen auf der Felsklippe Falkenau vor Kaub errichtet. Vergleichbar dem Mäuseturm bestand der Pfalzgrafenstein ursprünglich nur aus einem Hauptturm mit rein zollrechtlicher Bedeutung. Während des Mittelalters erfolgte der Ausbau des Zollturmes zur wehrtechnisch bedeutenden Rheinfestung.

Burg Gutenfels oberhalb Kaub

Die sich auf grauem Schieferfels hoch über der Stadt Kaub erhebende Burg Gutenfels besticht im Reigen der rheinischen Hang- und Spornburgen durch ihre regelmäßige und symmetrische Ausgestaltung. Der Grundriß charakterisiert durch seine streng durchgeführte Systematik die staufische Wehr- und Wohnarchitektur. Die quadratische Ausformung der Kernburg läßt vermuten, daß die Burg noch während der Kaiserzeit der Staufer im 12. Jahrhundert erbaut wurde.

Schönburg bei Oberwesel

Die Schönburg bei Oberwesel ist das beste Beispiel einer Ganerbenburg am Rhein. Die Vielzahl und Verschiedenartigkeit der Bergfriede und Burghäuser beweist die gemeinsame Nutzung der Anlage durch mehrere Familienzweige. Die hohe, teilweise noch erhaltene Mantelmauer legte sich schützend um alle Burgteile. Der spätromanische Turm sicherte den gemeinsamen Zugang, und eine Kapelle diente dem gemeinsamen Gottesdienst.

Restaurant der Schönburg

Einem Amerikaner mit dem bedeutungsvollen Namen Rhinelander ist der heutige gute Zustand der Schönburg zu verdanken. Im 19. Jahrhundert erwarb er die zerstörte Burg und ließ sie im alten Stil wieder aufbauen. Zu Beginn der 50er Jahre übernahm die Stadt Oberwesel den Burgbesitz. Teile der Burggebäude werden als Burghotel und Gaststätte genutzt. Im Restaurant wird der Gast mit rheinischen Spezialitäten verwöhnt.

Kirche St. Martin zu Oberwesel

Die St.-Martin-Kirche beherrscht mit ihrem leuchtend weißen Anstrich das Stadtbild von Oberwesel. Der vom Kirchenschiff abgesetzte burgähnliche graue Glockenturm konnte in Zeiten der Gefahr zur Verteidigung der Stadt eingesetzt werden. Ihrer Lage an der römischen Heerstraße verdankt die Stadt ihre frühe Bedeutung. Bereits 300 n. Chr. lag an der Stelle des heutigen Oberwesel das römische Kastell Volsovia. ▷

Weinberge von Dörscheid

Vom Rheinstrom aus sind nur die flurbereinigten Weinberge der Rheinhöhengemeinde zu sehen. Der Ort selbst liegt auf der ackerbaulich genutzten Hauptterrasse. Der Standort oberhalb der Dörscheider Weinberge erlaubt einen weiten Blick rheinaufwärts und verdeutlicht die unterschiedliche Vegetation der zum Rhein hinabsteigenden Talhänge. Auf den nach Süden exponierten Hängen dominiert das Rebland, die Schattenlagen tragen eine Wald- und Strauchvegetation.

Innenraum der Liebfrauenkirche in Oberwesel

Unterhalb der Schönburg liegt am südlichen Ausgang der Stadt Oberwesel die in rotem Putz gehaltene Liebfrauenkirche. Berühmt ist die ehemalige Stiftskirche durch ihren glanzvoll ausgestatteten Innenraum. Insbesondere der Chorraum mit dem zartgegliederten, gotisch anmutenden Lettner zieht die Blicke der Besucher an. Hinter dem Chorgestühl mit der vom Kreuz gekrönten Bühne steht der Goldaltar, einer der ältesten erhaltenen Flügel- und Schreinaltäre Deutschlands.

Dörscheid

Die Sicht aus dem Hubschrauber zeigt die naturräumliche Lage des Ortes. Dörscheid liegt nördlich von Kaub inmitten von Getreidefeldern, Wiesen und Baumbeständen auf der rechtsrheinischen Hauptterrasse. Neben der Landwirtschaft ist es jedoch der Wein, der in ganz besonderer Weise das Leben in der Gemeinde prägt.

Die Weinberge der Gemeinde sind am linken Bildrand zu erkennen. Sie liegen auf der sich zum Rheinstrom neigenden Mittelterrasse. Am linken Rheinufer wird die Silhouette der Stadt Oberwesel deutlich.

Bornich

Auf den Spuren der alten Römerstraße verläuft die Touristenroute der Loreley-Burgenstraße über die rechtsrheinischen Höhen.

Die Reise entlang dieser Route führt den Rheinbesucher auch in die Winzergemeinde Bornich, Sitz einer der mittelrheinischen Winzergenossenschaften.

Wanderwege rund um die Gemeinde leiten den Wanderfreund zu schönen Aussichtspunkten mit Panoramablick in das Tal der Loreley und auf den sagenumwobenen Loreleyfelsen.

Loreley bei St. Goarshausen

Blick ins Rheintal bei St. Goarshausen mit der sagenumwobenen Felswand der Loreley. Das gewundene obere Mittelrheintal wurde vom Rheinstrom bei der Hebung des Rheinischen Schiefergebirges in den breiten Obertalboden eingeschnitten. Charakteristisch für diesen Talabschnitt ist der Dualismus zwischen cañonartigem Engtal mit felsigen Talflanken und dem ebenen, sanft zum Gebirge ansteigenden oberen Talboden.

Burg Katz und Loreley

Durch die sommergrünen Rebstöcke der Patersberger Weinlage hat man einen schönen Blick auf die Burg Katz und die beinahe senkrecht aus dem Talgrund aufstrebende Felswand der Loreley. Um 1395 ließ Graf Johann III. von Katzenelnbogen die Burg auf dem Schieferfels oberhalb von St. Goarshausen errichten. Sie sollte den Eingang zum Reichenberger Tal sichern. Der mächtige, runde Bergfried schützte die ihm vorgelagerten Burghäuser von der bergseitigen Angriffsfront.

Weinlese bei St. Goarshausen

Im St. Goarer Talabschnitt, dem cañonartig tief eingeschnittenen Engtal, lassen die extrem steilen und zerklüfteten Weinberge nur eine sehr beschränkte Flurbereinigung zu. Ein Großteil der stark parzellierten Rebfläche muß vollkommen mit der Hand bearbeitet werden. Ein rationeller Maschineneinsatz ist nur auf größeren Parzellen mit parallelen Stockzeilen möglich.

Burg Rheinfels bei St. Goar

Burg Rheinfels war einst die mächtigste und größte Befestigungsanlage am Mittelrhein. 1245 wurde die heutige Ruine von den Grafen von Katzenelnbogen zur Rheinzollerhebung angelegt. Die frühe Kernburg, durch zahlreiche Erweiterungen zur uneinnehmbaren Festung entwickelt, sicherte gemeinsam mit der gegenüberliegenden Burg Katz die Zolleinnahmen im St. Goarer Engtal. 1794 wurde sie kampflos den französischen Truppen übergeben und 1797 zerstört.

St. Goar

Auf der im oberen Mittelrheintal nur sehr schwach ausgeprägten Niederterrasse drängen sich die Häuser des Weinstädtchens St. Goar dicht um die wuchtige evangelische Pfarrkirche. Bei St. Goar wird ein Uferwechsel von der Römerstraße zum rechtsrheinischen Limes vermutet. Während die Schwestergemeinden St. Goar und St. Goarshausen vom 17. bis zum 18. Jahrhundert durch eine Rheinbrücke verbunden waren, ist die Flußüberquerung heute nur mit der Fähre möglich.

Burg Maus über Wellmich

Burg Maus, eigentlich Deuernburg oder Thurnberg geheißen, entstand im 14. Jahrhundert, dem Zeitalter der schnell aufstrebenden Territorialmächte. 1353 erwarb der Trierer Erzbischof den Besitz Wellmich, um die Herrschaft Kurtriers am Mittelrhein zu festigen. Zum Schutz des Landes wurde die Burg errichtet. Die rheinseitigen Burghäuser wurden an der Hangseite durch den runden Bergfried vor Angriffen geschützt.

Patersberg

Hoch über St. Goarshausen liegt in herrlicher Lage die Weinbaugemeinde Patersberg. Die Schmalheit des Bergspornes begründet die langgestreckte Siedlungsform dieses staatlich anerkannten Erholungsortes auf den Berghöhen über dem Mittelrhein.

Der nach Süden exponierte Steilabfall zum Schweizertal birgt die berühmten Rotweinlagen, denen die Gemeinde auch den Namen ,,Aßmannshausen des Mittelrheins'' verdankt. Der Standort auf der Bergnase bietet dem Rheinbesucher Ausblick auf drei Burgen: Burg Katz, Burg Maus, Burg Rheinfels. Die ,,Batterie'', wie der Aussichtspunkt genannt wird, hatte im Mittelalter eine kriegerische Funktion. Die Belagerungen der Burgen Katz und Rheinfels wurden durch den Beschuß, der auf der Batterie angebrachten Geschütze beendet.

Nochern

Eine intensive Landwirtschaft bestimmt das Leben der Rheinhöhengemeinde. Ein nur noch geringer Teil der Wirtschaftsfläche wird als Rebland genutzt. Die Nocherner Weinlage „Brünnchen" liegt oberhalb von St. Goarshausen am Steilhang der rheinischen Mittelterrasse.

Rheinansicht Kestert

Auf der schmalen Uferleiste der Niederterrasse zwischen St. Goarshausen und Kamp-Bornhofen erstreckt sich langgezogen die rheinische Gemeinde Kestert. Die Steilhänge des Rheinengtales ließen eine Dorfentwicklung nur auf der flußnahen Terrasse zu. Ähnlich wie im gegenüberliegenden Bad Salzig gedeihen an den abschüssigen Bergpartien kaum noch Weinreben. Sie wurden von Obstbaumkulturen verdrängt, die bis zur Hauptterrasse emporklettern, wo sie in ihrer Dominanz von den Ackerfluren abgelöst werden.

Die Feindlichen Brüder

Hoch über Kamp-Bornhofen stehen auf dem Felsplateau eines Bergspornes gleich zwei Burgen dicht nebeneinander: Burg Liebenstein und Burg Sterrenberg, im Volksmund auch die Feindlichen Brüder genannt. Die weiße Burg Sterrenberg wurde bereits 1034 erwähnt. Burg Liebenstein entstand erst 200 Jahre später, als Erbstreitigkeiten den Graf von Lewenstein, den Schwager der Burgherren von Sterrenberg, zum Burgbau animierten, um seine Vermögensanforderungen zu verdeutlichen.

Wallfahrtskirche in Kamp-Bornhofen

Die Wallfahrtskirche mit dem anschließenden Franziskanerkloster prägt das Leben in der Gemeinde Kamp-Bornhofen. Alljährlich strömen Tausende von Pilgern zu dem spätgotischen Kirchenbau, um vor dem Gnadenbild Zuflucht und Trost zu finden. Bereits seit dem 13. Jahrhundert ist eine Wallfahrt nach Bornhofen bekannt. Die heutige Wallfahrtskirche entstand aber erst im 15. Jahrhundert, ebenso die Pieta.

Vierseenblick

Ein Naturschauspiel ganz besonderer Art bietet sich dem Rheinbesucher von der Anhöhe des Hirschkopfes nahe bei Boppard. Vom hochgelegenen Aussichtspunkt erschließt sich der Vierseenblick, eine wohl einmalige Perspektive der großen Rheinschleife. Viermal nur erlauben Bergvorsprünge die Sicht auf die Wasserfläche des Rheins, wodurch die Vorstellung der vier Bergseen entsteht. Wie ein Fächer entfalten sich die Obstbaumkulturen um die hochgelegene Waldfläche des Umlaufberges.

Auf ursprünglich keltischem Siedlungsraum entwickelte Boppard sein städtisches Gepräge am südlichen Anfang der Boppard-Osterspaier-Rheinschleife. Hier hat der Rhein beim Übergang von weicherem zu härterem Gestein eine Doppelschlinge mit gut ausgeprägten Prall- und Gleithängen geschaffen. Dem sanft ansteigenden obstbaumbestandenen Gleithang steht die übersteilte Bergwand des Bopparder Hamm mit ihren Rebkulturen gegenüber. ▷

Reste der römischen Kastellmauer in Boppard

Zur Zeit des römischen Kaisers Valentian, als der rechtsrheinische Limes den Anstürmen der germanischen Stämme nicht mehr gewachsen war, mußten verstärkte Befestigungsanlagen in den linksrheinischen Ufergemeinden geschaffen werden. Aus dieser Zeit stammen die in Boppard gefundenen Mauerreste eines spätrömischen Kastells, das trotz seiner hohen Palisaden und den wehrhaften Türmen die Stadt nicht vor dem Einfall der Germanen im 5. Jahrhundert schützen konnte.

Weinberge am Bopparder Hamm

Entlang der Rheinschleife ist der gesamte Prallhang in seiner Ausdehnung zwischen Boppard und Brey mit Reben bepflanzt. Aufgrund der Schlingenbildung des Rheinstromes und der West-Ost-Ausdehnung der Bergwand gedeihen die Weinreben am Bopparder Hamm als einzige des gesamten Mittelrheintals in reiner Südlage.

Fachwerkhaus in Brey

Neben den mittelalterlichen Burgen sind es vor allem die vielen rheinischen Fachwerkhäuser, die die romantisch gestimmten Rheinbesucher begeistern. Nicht selten sind sie so schön restauriert wie dieses Haus in Brey, dessen Entstehung in das Jahr 1680 zurückdatiert wird.

Königsstuhl zu Rhens

Der Rhenser Königsstuhl auf der Höhe Schwall oberhalb des Ortes erzählt von der historischen Bedeutung der Gemeinde. Das Gestühl wurde im 14. Jahrhundert errichtet. Damals gab es Bestrebungen der westlichen Kurfürsten, Rhens statt Frankfurt als Ort der deutschen Königswahl zu proklamieren. Rhens, bis dahin Verhandlungsort der Kurfürsten, verdankte seine politische Bedeutung der Lage zwischen vier Fürstenresidenzen: in Rhens Kurköln, in Stolzenfels Kurtrier, in Oberlahnstein Kurpfalz und in Niederlahnstein Kurmainz.

Marksburg bei Braubach

Die malerische Burggemeinde Braubach mit ihren idyllischen Winkeln und dem mittelalterlichen Stadtkern kann auf eine lange Siedlungsgeschichte zurückblicken. Etliche Zeit bevor die heute das Bild der Stadt beherrschende Marksburg im 12. Jahrhundert errichtet werden konnte, hatten die Silber- und Bleifundstätten zur Besiedelung der Niederterrasse unterhalb des Burgberges beigetragen. Der frühgotische Turm, heute Turm der Barbarakirche, war ehemals mit der Marksburg zu einem Befestigungssystem verbunden. ▷

Schloß Stolzenfels

Auf einer bewaldeten Hangleiste, der sich an der Lahnsteiner Pforte nahe an den Rhein heranschiebenden Hunsrückhöhen, wurde Burg Stolzenfels als erste kurtrierische Befestigung am linken Rheinufer errichtet. Die Burg erlitt das Schicksal der meisten Rheinburgen: Zerstörung durch französische Truppen im 17. Jahrhundert. Die Renovierungsarbeiten im vergangenen Jahrhundert verwandelten die Ruine in einen der schönsten Schloßbauten der rheinischen Romantik.

Schloß Stolzenfels, Wohnzimmer der Königin

Der Wiederaufbau von Schloß Stolzenfels ließ auch die Innenräume in ihrer heutigen Form entstehen. Neben den Stilelementen des 19. Jahrhunderts konnten auch ältere Kunst- und Ausstattungsgegenstände bewahrt werden. Im nördlichen, der Rheinseite zugewandten Obergeschoß entstanden die Räume der preußischen Königin. Das Bild zeigt das prunkvoll eingerichtete Wohnzimmer mit wertvoller Decken- und Bodenholztäfelung.

Pergolagarten im Schloß Stolzenfels

Der ehemalige Zwinger von Burg Stolzenfels wurde im Zuge des Umbaus von den Baumeistern des preußischen Königs in einen bezaubernden Garten umgewandelt. Der Pergolagarten mit dem Adjutantenturm als nördlichem Abschluß erinnert mit seinen Wasserspielen, den Blumenanlagen und der schattenspendenen Säulengalerie an spanische Schlösser. Als Sommerresidenz der Preußenkönige blieb Stolzenfels ohne Heizmöglichkeit.

Burg Lahneck

Als der Stauferkaiser Friedrich II. dem Mainzer Erzbischof die reichen Silberbergwerke des Lahntals als Lehen überreichte, sah sich der Erzbischof gezwungen, seinen wertvollen Besitz durch den Bau der Burg Lahneck zu sichern. Schon 1245 wurde sie auf einem Bergsporn hoch über der Lahnmündung fertiggestellt. Nach der Zerstörung erfolgte der Wiederaufbau im Stil der englischen Neugotik. Nur der fünfeckige Burgfried blieb in seiner ursprünglichen Form erhalten.

Martinsburg in Lahnstein

Gleichzeitig mit dem Bau der Oberlahnsteiner Stadtbefestigung wurde in der Südwestecke der Stadt an den Ufern des Rheins die Martinsburg erbaut. Die einstige Wasserburg, deren Gräben längst zugeschüttet sind, war als Zollstation der Stadtmauer vorgelagert und sicherte den Zugang zur Stadt. Die weißgetünchten Gebäude mit dem markanten sechseckigen Turm verbinden sich mit der sie umgebenden Parklandschaft zur malerischen Rheinansicht der Stadt.

Lahnschleuse bei Bad Ems

Wer das Weinanbaugebiet Mittelrhein besucht, sollte auf keinen Fall einen Abstecher ins liebliche Tal der Lahn versäumen. Die Fahrt lahnaufwärts erschließt dem Naturfreund immer wieder neue reizvolle Tallandschaften, und die verträumten Weinorte entlang den Ufern der Lahn laden ein zum Verweilen und zum Weingenuß.

Blumenkorso in Bad Ems

Der Höhepunkt des traditionellen Bartholomäusmarktes in Bad Ems ist der seit 1964 alljährlich am letzten Augustsonntag stattfindende Blumenkorso. Als eine der größten Veranstaltungen ihrer Art in der Welt hat die Blumenparade die Kurstadt weit über Deutschlands Grenzen hinaus bekanntgemacht. Die von zahlreichen Helfern mit vielen tausend Blüten geschmückten, phantasievollen Motivwagen begeistern die von überall angereisten Touristen und Blumenliebhaber.

Dausenau

Die Dorfgemeinde Dausenau im unteren Lahntal war seit 1255 im Besitz der Grafen von Nassau. Durch ihre Initiative wurde die Gemeinde im Jahre 1359 befestigt. Die Reste der damaligen Stadtbefestigung, besonders der noch erhaltene untere Wehrturm mit Walmdach, verleihen dem Ort sein idyllisches Aussehen. Inmitten der winkligen Gassen mit ihren hübschen Fachwerkhäusern steht an erhöhter Stelle die spätgotische Emporenkirche Maria und St. Kastor.

Nassau

Eingebettet zwischen bewaldeten, zu den Höhenrücken des Schiefergebirges aufsteigenden Berghängen liegt Nassau am Ufer der Lahn. Die Schwemmfächer der in Nassau zusammenfließenden Bäche machten die Gründung der Stadt im tief eingeschnittenen Unterlauf der Lahn möglich. Über der Stadt erhebt sich die Stammburg der Grafen von Nassau. Nachdem 1160 das Erzstift Trier die Herren von Laurenburg mit der Burg Nassau belehnten, nahmen diese den Namen der Burg an.

Weinähr

Die kleine Weinbaugemeinde Weinähr liegt umgeben von wald- und rebenbestandenen Berghängen im verträumten Gelbachtal, einem kleinen Seitental der Lahn. Planung und zukünftige Durchführung einer Flurbereinigung beweisen die Intensität des Weinanbaus hier am Ort. Sehenswert ist das alte Rathaus der Gemeinde, ein zweistöckiger Fachwerkbau aus der Mitte des 16. Jahrhunderts.

Obernhof an der Lahn

Die Weinberge des Lahntals, die weinrechtlich dem Mittelrheingebiet zugeordnet werden, erstrecken sich 25 Kilometer lahnaufwärts bis nach Obernhof und Weinähr, dessen Häuserzeilen noch teilweise am linken Bildrand zu erkennen sind. Am rechtwinkligen Lahnknie entstand Obernhof mit der Weinlage Goetheberg, die zu den berühmtesten Lagen der Lahn zählt. Schon 1165 soll hier Wein angebaut worden sein.

Weindorf in Koblenz

Als Mittelpunkt der sie umgebenden rheinischen Landschaft ist die Stadt Koblenz seit der ersten Hälfte des 19. Jahrhunderts das Fremdenverkehrszentrum der Region. Eine Attraktion ganz besonderer Art ist das 1952 erbaute und zwischenzeitlich renovierte Weindorf. Die typischen, dem Winzerhaus nachgeahmten Gebäude laden von Ostern bis zum Oktober zu Musik und Tanz ein. Unter schattenspendenden Bäumen kann man in gemütlicher Atmosphäre den mittelrheinischen Wein genießen.

Deutsches Eck in Koblenz

Koblenz — schon der Name der Stadt verrät ihren römischen Ursprung. Als unter Kaiser Tiberius um 9 n. Chr. am Moselufer ein Kastell zur Sicherung des Flußüberganges und der römischen Heerstraßen entstand, nannten die Römer es Confluentes (= Zusammenfließende) entsprechend seiner Lage an der Moselmündung. Noch heute liegt das Kerngebiet der Stadt auf dem durch den Zusammenfluß von Rhein und Mosel gebildeten Dreieck. Im Süden grenzt die Stadt an die terrassenförmig abfallenden Ausläufer des Hunsrücks, und im Westen reichen die Häuserzeilen der Vororte bis zur leicht hügeligen Landschaft des Maifeldes (Voreifel). Als Knotenpunkt der Wirtschaft und Handelszentrum verfügt Koblenz über große Industriebetriebe, die sich im Norden mit den Industrien des mittelrheinischen Beckens vereinigen. Durch die zentrale Lage im Rheinischen Schiefergebirge und die günstigen Verkehrsverbindungen entwickelte sich Koblenz zum Mittelpunkt der rheinischen Region und zum Einkaufszentrum mit Großstadtflair. Hauptanziehungspunkt für die großen Touristenströme ist das Deutsche Eck, die ausgebaute Landzunge zwischen den Flüssen mit dem Sockel des ehemaligen Kaiser-Wilhelm-Denkmales.

Festung Ehrenbreitstein

Die schroffe, zur Rhein- und Landseite steil abfallende Bergzunge der Ehrenbreitsteiner Randterrasse wurde als strategisch wichtiger Standort schon früh zur Landbastion ausgebaut. Der älteste Teil der Befestigungsanlage entstand während der salisch-konradinischen Herrschaft. Von der Höhe des befestigten Felsens konnten das Mündungsgebiet der Mosel, die rheinischen Heerstraßen und das militärisch bedeutungsvolle Neuwieder Becken gesichert werden.

Putte mit Traube

Die Beziehung zwischen Wein und Kunst ist schon sehr alt. Von jeher ließen sich Maler und Künstler gerne vom Wein zu neuen Kunstwerken inspirieren. Den Beginn der Weinsymbolik in der deutschen Kunst kann man um das 11./12. Jahrhundert ansetzen. Die Putte mit Traube, im Mittelrheinmuseum in Koblenz zu sehen, spiegelt dieses überaus fruchtbare Zusammenspiel zwischen Kunst und Wein wider.

Traubenmadonna mit Kind

Die verschiedenen christlichen Religionen des Abendlandes hatten seit frühester Zeit ein sehr enges Verhältnis zum Wein. In der Bibel erzählen zahlreiche Gleichnisse vom Wein und von der Rebe. Auch die sakrale Kunst zeigt in vielseitigen Formen die Beeinflussung durch den Wein. Seit dem 15. Jahrhundert wurde die Modellierung der Madonnenfiguren mit dem Traubensymbol sehr beliebt. Diese Traubenmadonna steht im Mittelrheinmuseum in Koblenz und geht auf das Jahr 1520 zurück.

Mühlental bei Ehrenbreitstein

Im Schatten der Festung gedeihen die bekannten Ehrenbreitsteiner Weine. Die steilen Rebhänge des abseits der Festung gelegenen Mühlentals werden noch von einigen Vollerwerbswinzern bewirtschaftet. Am Beginn des vorwiegend industriell genutzten mittelrheinischen Beckens beenden die Koblenzer Weinlagen vorerst den rheinischen Weinbau, bevor er mit den Leutesdorfer Weinbergen wieder zum dominierenden Faktor im Landschaftsbild avanciert.

Das Rheintor in Andernach

Das Rheintor in Andernach ist als Teil der mittelalterlichen Stadtbefestigung die älteste Doppeltoranlage am Rhein. Obwohl bereits zu Beginn des 13. Jahrhunderts erbaut, stammt die heutige Anlage des Außentores von 1899, als Aufschüttungen zum Hochwasserschutz die Höherlegung des Bauwerkes notwendig machten. Das Obergeschoß wurde abgerissen und auf erhöhten Torbogen nach Plänen des 17. Jahrhunderts wieder aufgebaut. Im Innern des Torbogens erinnern zwei Skulpturen an die Bäckerjungen, die der Sage nach den Überfall der Linzer Bürger auf die Stadt verhinderten.

Leutesdorf

Trotz der erneuten Einengung des Talbodens an der Andernacher Pforte unterscheidet sich das untere Mittelrheintal stark vom oberen. Seine geradlinige Nord-West-Erstreckung erlaubt weite Taleinsichten und verweist den Weinanbau auf die südlich exponierte rechtsrheinische Seite. Der alte Weinort Leutesdorf nutzte die bevorzugte Lage zu Füßen des bis an den Rhein herantretenden Niederwesterwälder Hochlandes, um dessen Hänge in Rebland zu verwandeln.

Laubarbeiten in den Leutesdorfer Weinbergen

Der in den Leutesdorfer Rebanlagen mit Laubarbeiten beschäftigte Winzer hat eine schöne Sicht auf den Weinort und die am linken Rheinufer gelegene Stadt Andernach mit der neugebauten Umgehungsstraße am Krahnenberg. Im Sommer wird die Entfernung der untersten grünen Triebe notwendig, da sie leicht der Bodennässe und -kälte ausgesetzt sind, oftmals die Luftzirkulation verhindern und derart dem Schädlingsbefall Vorschub leisten.

Schloß Namedy

Schloß Namedy, im gleichnamigen Stadtteil von Andernach gelegen, zählt zu den jüngeren Burg- und Schloßbauten am Mittelrhein. Erst um die Jahrhundertwende wurde das ehemalige Burghaus des Andernacher Patriziergeschlechts Huysmann zur heutigen hufeisenförmigen Anlage ausgebaut. Das Bild zeigt das ursprüngliche Burghaus im nordwestlichen Teil des Schlosses. Die Gräben der einstigen Wasserburg sind längst zugeschüttet.

Ruine Hammerstein

Zwischen Andernach und Hammerstein durchbricht der Rheinstrom den Gebirgsriegel vom Niederwesterwald zum Eifelfuß und bildet die enge Talstrecke der Andernacher Pforte. Der wuchtige steile Felsen des Hammerstein bildet das Untertor dieser Talenge, die am Krahnenberg bei Andernach ihren Anfang nimmt. Die Ruinenreste des Mühlenturmes hoch oben auf der Felskuppe sind die letzten Erinnerungen an die bis auf die Grundmauern zerstörte Burg Hammerstein.

Der Limesturm bei Rheinbrohl

Zwischen den Ortschaften Rheinbrohl und Bad Hönningen begann dereinst der obergermanisch-rätische Limes. Die Römer nannten diesen Punkt caput limitis und erbauten zu dessen Sicherung ein Kleinkastell. Heute steht ein rekonstruierter Limeswachtturm an dieser Stelle. Der Limesanfang war auf das Vinxtbachtal, das Grenztal zwischen den Provinzen Ober- und Niedergermanien am gegenüberliegenden Rheinufer ausgerichtet. Der Originalturm stand ursprünglich direkt am Wasser. Der heutige Turm ist wegen der Erosionstätigkeit des Rheins 200 Meter vom Strom entfernt.

Burg Rheineck bei Bad Breisig

Die von den Pfalzgrafen oberhalb des Vinxtbaches errichtete Burg Rheineck gehörte seit dem 12. Jahrhundert zum Erzbistum Köln und diente der Grenzsicherung des kurkölnischen Besitzes gegen Kurtrier. Der Vinxtbach grenzte wie zur Römerzeit Unter- und Obergermanien auch die mittelalterlichen Bistümer gegeneinander ab. Von der hoch gelegenen Burg blickt man weit hinab in die helle Lichte der Linz-Hönninger Talweitung. Gegenüber von Bad Breisig liegt am rechten Rheinufer Bad Hönningen.

Schloß Arenfels bei Bad Hönningen

Bereits während des späten Mittelalters, als wegen fortschreitender Kriegstechnik die militärische Anlage einer Burg ihren Sinn verlor, begann die Wandlung der düsteren Burg Arenfels zum hellen lieblichen Schloß. Die mittelalterliche Burg blieb trotz aller Veränderungen im Kern erhalten. Noch heute erinnert der mit einer Fiale erhöhte Bergfried an die kriegerische Vergangenheit des im gotischen Stil umgebauten Schlosses.

Der Nordsalon in Schloß Arenfels

Der architektonischen Umwandlung von der Burg zum Schloß Arenfels folgte im 19. Jahrhundert eine zweite Veränderungsphase. Im Besitz des Grafen von Westerhold-Gysenburg, der Umbaupläne des Kölner Dombaumeisters Zwirner anfertigen ließ, entstand Schloß Arenfels in seiner heutigen Form. Der gotischen Umgestaltung des Mauerwerks unterlag auch die Ausgestaltung der Innenräume. Die Aufnahme zeigt den Nordsalon, dem die Stuckdecke und die wertvollen Intarsientüren eine besondere Note verleihen.

Schloß Arenthal bei Sinzig

Schloß Arenthal bei Sinzig verkörpert die am Mittelrhein recht seltene Bauweise der Neorenaissance. Die Wassergräben der im frühen 14. Jahrhundert erbauten Wasserburg sind noch teilweise erhalten. Anders der damalige Name des Schlosses. Er wurde bereits 1350 von Bovendorf in Arenthal umgewandelt. Die als zusätzliche Sicherungsanlage errichtete Vorburg spiegelt den barocken Formenschatz des 18. Jahrhunderts wider.

Schloß Barbarossa zu Sinzig

Von der Gestalt der einst von den Herzögen zu Jülich-Kleve-Berg erbauten Wasserburg in Sinzig ist heute kaum noch etwas zu erkennen. Auf den Grundmauern der 1688 zerstörten Burg wurde im 19. Jahrhundert das heutige Schloß im neugotischen Stil errichtet. Die schloßartige Villa, auch Schloß Barbarossa genannt, beherbergt, von einer schönen Parkanlage umgeben, Stadtverwaltung und Heimatmuseum von Sinzig.

Leubsdorf

Am nördlichen Ausgang der Bad Hönninger Talweitung entstand am aufsteigenden Talhang der Hauptterrasse der kleine Weinort Leubsdorf. Der frühe Bau der katholischen Pfarrkirche St. Walburga beweist die recht frühe Besiedlung dieses Talraumes. Die Leubsdorfer Weinlage „Weißes Kreuz" liegt südlich des Ortes in Richtung Bad Hönningen.

Linz und die „Goldene Meile"

Weit reicht der Blick vom Kaiserberg über Linz ins untere Mittelrheintal. Die zahlreichen Fachwerkhäuser aus vielen Jahrhunderten, die vielen romantischen Gassen und gemütlichen Weinschenken locken alljährlich viele Besucher in die Stadt. Linksrheinisch entfaltet sich die „Goldene Meile", der fruchtbare Schwemmfächer der Ahr, mit den Orten Kripp und Remagen. Gegenüber Remagen die Erpeler Ley mit den Gemeinden Erpel und Unkel auf der anschließenden Talweitung.

Erpeler Ley

Mächtig überragt die grauschwarze Felswand der Erpeler Ley den kleinen Rheinuferort, der ihr den Namen gab. Der Anblick des dunklen Felsmassivs weckt unwillkürlich Erinnerungen an den steil aufragenden Loreleyfelsen. Im Gegensatz zur Loreley ist die Erpeler Ley jedoch vulkanischen Ursprungs. Sie ist ein von der Rheinhauptterrasse tischeben gekappter Lavaschlot. Beim weiteren Einschneiden in das sich hebende Rheinische Schiefergebirge setzte der Basalthärtling dem Rheinstrom erheblichen Widerstand entgegen und zwang ihn zum westlichen Ausweichen.

Apollinariskirche zu Remagen

Nördlich von Remagen erhebt sich auf dem schroff zum Rhein hin abfallenden Felsplateau des Apollinarisberges die gleichnamige Wallfahrtskirche. Freiherr von Fürstenberg-Stammheim erwarb 1836 das Kirchengut und ließ die baufällig gewordenen alten Gebäude abreißen. In der Zeit von 1839—43 entstand nach Plänen des Kölner Dombaumeisters Zwirner der neugotisch-klassizistische Kirchenbau. Besonders die feingegliederten Kirchturmspitzen erinnern an das Kölner Vorbild.

Unkel

Blick vom Birgeler Kopf auf das alte Weinstädtchen Unkel. Der historische Stadtkern mit Patrizierhäusern und bürgerlichen Fachwerkbauten liegt dicht am Rhein. Berühmt wurde die Stadt durch die Rotweinlage des „Unkeler Funkeler". Heute wird immer mehr Rebland zugunsten der sich ausdehnenden städtischen Siedlung aufgegeben. Weinberge gibt es nur noch entlang der schräg gestellten, steil ansteigenden Schiefer- und Grauwackeschichten.

Katholische Pfarrkirche St. Pantaleon in Unkel

Nahe am Rheinufer erhebt sich die katholische Pfarrkirche St. Pantaleon. Die dreischiffige gotische Hallenkirche verdankt ihr interessantes Aussehen den drei parallelen Walmdächern und dem nicht in der Achse stehenden romanischen Turm. Im 17. Jahrhundert erhielt er seine gotische Haube. Im Innern des Gotteshauses erinnert ein Bildnis am Hochaltaraufsatz an den Hl. Pantaleon, den Schutzpatron der Gemeinde.

Rolandsbogen

Der sagenumwobene und efeubewachsene Rolandsbogen, das Herzstück der Rheinromantik, ist neben einigen Mauerresten die letzte Erinnerung an die vom Kölner Erzbischof gegründete Burg Rolandseck. Die einstige Burg bildete zusammen mit der Wolkenburg und dem gegenüberliegenden Drachenfels einen mächtigen Befestigungsriegel. Im Dreißigjährigen Krieg wurde Burg Rolandseck zerstört und nie wieder aufgebaut.

Rheinschiffahrt bei Königswinter

Vor dem Eintritt des Rheins in die Niederrheinische Bucht bilden die Vulkankuppen des Siebengebirges einen letzten grandiosen Höhepunkt der mittelrheinischen Landschaft. Der bekannteste der ehemaligen Vulkanberge ist der Drachenfels mit der gleichnamigen Burgruine. Südlich der Siebengebirgsgipfel liegt Rhöndorf, nördlich Königswinter. Gemeinsam mit dem Siebengebirge endet auch der mittelrheinische Ertragsweinbau. Ober- und Niederdollendorf besitzen noch intensiv genutzte Rebflächen.

Königswinter

Die am rechten Rheinufer gegenüber der Bundeshauptstadt Bonn gelegene Stadt Königswinter verfügt über vielfältige, romantische Landschaften, stille Täler und historische Ortschaften. Besonders das im Herbst rotgefärbte Reblaub und die über dem Rhein aufsteigenden Herbstnebel verleihen der Stadt reizvolle Ansichten. Auch der Natur- und Wanderfreund findet rund um Königswinter im herrlichen Naturpark Siebengebirge zahlreiche Erholungsmöglichkeiten.

Der mittelrheinische Weinbau

Der Weinanbau und die mittelrheinische Landschaft sind zwei nicht zu trennende Komponenten. Die rebenbestandenen, felsigen Steilhänge prägen in entscheidender Weise das Bild des rheinischen Engtales durch das Rheinische Schiefergebirge und machen es zur populärsten und berühmtesten aller Rheinlandschaften zwischen den Alpen und der Nordsee.

Wer sich mit der historischen Entwicklung des rheinischen Weinbaus befaßt, wird erkennen, daß wichtige Aussagen durch die neuere Geschichtsforschung aktualisiert wurden. Die Rebe fand nicht erst durch die Einwanderung der Römer in Germanien ihren Standort im mittelrheinischen Gebiet, sondern sie gehörte, wie Nachforschungen von Botanikern und pflanzengeographischen Wissenschaftlern belegen, schon seit etwa dem jüngeren Tertiär (im Oligozän vor 25—35 Millionen Jahren) zum Formenschatz der damaligen Pflanzengesellschaften. Rebsamenfunde lassen auf eine Verbreitung der Rebe im Pliozän (vor 10—12 Millionen Jahren) vom Bodensee bis zum Niederrhein schließen. Die Rebpflanze der damaligen Zeit war keineswegs mit unserer heutigen Kulturrebe zu vergleichen. Die Wild- oder Waldrebe (vitis silvestris), die auch heute noch vereinzelt in den Feuchtgebieten der Oberrheinebene zu finden ist, gehört zwar zur gleichen Pflanzenfamilie wie unsere Kulturrebe (vitis sativa), besitzt aber andere Eigenschaften als diese. Wegen ihrer kleinen, wenig saftigen Beeren und dem unregelmäßigen Wachstum eignet sie sich nicht für eine systematische Rebenkultur.

Während des Eiszeitalters wurden die höchst kälteempfindlichen Wildreben bis in die wärmeren Gebiete südlich der Alpen zurückgedrängt, wo auch heute die Weintrauben ihre besten Reifungsmöglichkeiten besitzen. In der nacheiszeitlichen Warmzeit breiteten sich die Wildreben wieder bis in unseren Raum aus. Allerdings ist es noch nicht sicher, ob durch eine Pflanzenwanderung oder infolge einer jungsteinzeitlichen Völkerwanderung. Man darf durchaus annehmen, daß teilweise sogar schon die am Rhein siedelnden Kelten der Latène-Zeit (ca. 500 v. Chr.) die wilden Beeren sammelten und weinähnliche Getränke herstellten. Die Wildrebe kann also durchaus als rheinische Pflanze bezeichnet werden.

Ob es die Römer waren, die die Kulturrebe an den Rhein brachten, gilt als unwahrscheinlich. Vermutlich war die Kulturrebe, deren Ursprung in Kleinasien liegt, schon vor der römischen Besatzungszeit von Südfrankreich aus an den Rhein gelangt. In Südfrankreich wie im gesamten westlichen Mittelmeerraum hatten die Griechen um 600 v. Chr. Kolonien errichtet, die sie mit der von Kleinasien übernommenen Weinkultur vertraut machten. Von Marseille (Massilia), einer der griechischen Kolonien, erreichte die Kulturrebe über das Rhônetal Rhein und Mosel. Die griechische Kolonisation im Mittelmeerraum brachte die Weinkultur um 500 v. Chr. auch nach Italien. Man nimmt an, daß den Etruskern, die zwischen 1000—800 v. Chr. in die italienische Halbinsel eingewandert waren, die Weinkultur bekannt war. Vom Volk der Etrusker (auch Trusker), nach dem die Landschaft der Toskana benannt ist, lernten die römischen Herrscher den Weinanbau kennen und trugen zu seiner weiten Verbreitung im Römischen Reich bei. Während der Eroberung Germaniens ließen die römischen Feldherren in den eroberten Gebieten Weinberge anlegen, um den schwierigen Transport der Weinfässer von Rom nach Germanien einzusparen. Der systematische Weinanbau wurde im ersten nachchristlichen Jahrhundert von den Römern am Mittelrhein eingeführt und ist die Grundlage für die heutige Weinwirtschaft. Vor allem in den Ebenen des mittelrheinischen Beckens wurden Weingärten angelegt. Der älteste bekannte Weingarten aus dem Jahre 400 n. Chr. wurde in Miesenheim bei Andernach gefunden. Während der römischen Herrschaft erlebte der Weinbau unter den trinkfreudigen Legionären eine erste Blütezeit. Erst später dehnte sich der Weinanbau aus der Ebene der Beckenlandschaft in das enge Rheintal aus. Im nördlichen Abschnitt des Weinbaugebietes Mittelrhein zwischen Boppard und Bonn konnte sich der Weinbau aufgrund der Möglichkeit in ufernahen Flachlagen Weingärten anzulegen früher entwickeln als im südlichen Teil. Hier verhinderten die steilen und felsigen Hangpartien den Anbau der Reben bis zu dem Zeitpunkt der Entdeckung der Terrassenanlage. Urkunden bezeugen die deutliche zeitliche Verschiebung der Ausbreitung nach Süden: Zwischen dem 7. und 9. Jahrhundert lagen die ersten Erwähnungen der Weinbauorte nördlich von Boppard, und erst ab dem 10./11. Jahrhundert ist die Ausbreitung in das Engtal südlich von Boppard belegt.

Nach einer kurzen Phase der Bedeutungslosigkeit erfuhr der Weinbau unter Karl dem Großen eine beträchtliche Förderung. Große Förderer des Weinbaus der damaligen Zeit waren die Klöster und Stifte, die sich sehr erfolgreich um die Weinwirtschaft bemühten. Im späten Mittelalter erreichten die Rebflächen am Mittelrhein ihre größte Ausdehnung; bis hin nach Köln wurde Weinbau betrieben. Der Dreißigjährige Krieg und die kriegerischen Auseinandersetzungen der nachfolgenden Jahrzehnte ließen den Weinanbau rapide zurückgehen. In unserem Jahrhundert wurden besonders im unteren Mittelrheintal immer mehr Weinbergsflächen zugunsten der wirtschaftlichen Umorientierung zur Stein- und Bimsindustrie aufgegeben.

Die durch die Römer am Rhein heimisch gewordene Weinrebe ist eine der wenigen Kulturpflanzen, die in bezug auf ihr Wachstum und ihre Entwicklung extrem von Klima- und Witterungsbedingungen abhängen. Aufgrund ihrer Abstammung aus südlichen Ländern stellt die Rebe sehr hohe Anforderungen an die Sonneneinstrahlung und den Wärmehaushalt der entsprechenden Region, während sie Kälte gegenüber sehr empfindlich reagiert. Verschiedene Forscher der Biologie, Geographie und Meteorologie geben die nachfolgenden allgemeinen Bedingungen an, unter denen ein erfolgreicher Ertragsrebenanbau noch möglich ist:

— 10—12° C mittlere Jahrestemperatur,
— 180—200 Tage Vegetationsdauer,
— 1300 Stunden jährliche Sonnenscheindauer,
— 500—600 mm Jahresniederschlag.

Von April bis Mai ist eine Tagestemperatur von mindestens 15° C erforderlich, damit der Austrieb nicht behindert wird. Die Blüte in den Monaten Juni und Juli verlangt trockene Witterungsbedingungen und während der Beerenreife von August bis September sollten die Temperaturen 23,7° C erreichen und 18,7° C nicht unterschreiten.

Vergleicht man diese Klimaanforderungen mit den Standorten der Rebenkulturen, so wird deutlich, daß der Weinanbau auf der nördlichen Halbkugel zwischen dem 30. und dem 50. Breitengrad die für sein Gedeihen bestmöglichen Voraussetzungen findet.

Mainz liegt auf dem 50. Breitengrad; nach den genannten Klimadaten wäre nördlich von Mainz kein Weinanbau mehr möglich.

Der Rheinreisende von Bingen bis zum Siebengebirge muß jedoch erkennen, daß trotz angeblicher Klimaungunst noch weit nördlich des 50. Breitengrades Weinbau betrieben wird.
Hier entfaltet sich das Weinanbaugebiet Mittelrhein.

Übersicht über die mittelrheinischen Weinlagen:

Bereich Bacharach

Großlage Schloß Reichenstein

Oberheimbach
Römerberg
Klosterberg
Wahrheit
Sonne

Niederheimbach
Froher Weingarten
Schloß Hohneck
Reifersley
Soonecker Schloßberg

Trechtingshausen
Morgenbachtaler

Großlage Schloß Stahleck

Bacharach-Steeg
Schloß Stahlberg
Lennenborn
St. Jost
Hambusch

Bacharach
Hahn
Insel Heylesen Wert
Wolfshöhle
Posten
Mathias Weingarten
Kloster Fürstental

Manubach
Langgarten
St. Oswald
Mönchwingert
Heilgarten

Oberdiebach
Bischofshub
Fürstenberg
Kräuterberg
Rheinberg

Bereich Rheinburgengau

Großlage Herrenberg

Dörscheid
Wolfsnach
Kupferflöz

Kaub
Roßstein
Backofen
Rauschelay
Blüchertal
Burg Gutenfels
Pfalzgrafenstein

Großlage Schloß Schönburg

Urbar
Beulsberg

Niederburg
Rheingoldberg
Bienenberg

Damscheid
Frankenhell
Sonnenstock
Goldemund

Oberwesel
Sieben Jungfrauen
Ölsberg
Bienenberg
St. Martinsberg
Goldemund
Bernstein
Römerkrug

Dellhofen
Römerkrug
St. Wernerberg

Langscheid
Hundert

Perscheid
Rosental

Großlage Loreleyfelsen

Kamp-Bornhofen
Pilgerpfad
Liebenstein-Sterrenberg

Kestert
Liebenstein-Sterrenberg

Nochern
Brünnchen

Patersberg
Teufelstein

St. Goarshausen
Burg Maus
Hessern
Burg Katz
Loreley Edel

Bornich
Rothenack

Großlage Burg Rheinfels

St. Goar-Werlau
Rosenberg
Frohwingert
Ameisenberg
Kuhstall

Großlagenfrei

Hirzenach
Probsteiberg

Großlage Gedeonseck

Rhens
König Wenzel
Sonnenlay

Brey
Hämmchen

Spay
Engelstein

Boppard
Engelstein
Ohlenberg
Feuerlay
Mandelstein
Weingrube
Fässerlay
Elfenlay

Großlage Marksburg

Vallendar
Rheinnieder

Urbar
Rheinnieder

Koblenz-Ehrenbreitstein
Kreuzberg

Koblenz
Schnorbach
Brückstück

Lahnstein
Koppelstein

Braubach
Koppelstein
Mühlberg
Marmorberg

Osterspai
Liebeneck-Sonnenlay

Filsen
Pfarrgarten

Großlage Lahntal

Fachbach
einzellagenfrei

Bad Ems
Hasenberg

Dausenau
Hasenberg

Nassau
Schloßberg

Weinähr
Giebelhöll

Obernhof
Goetheberg

Großlage Burg Hammerstein

Unkel
Berg
Sonnenberg

Kasbach
Stehlerberg

Linz
Rheinhöller

Dattenberg
Gertrudenberg

Leubsdorf
Weißes Kreuz

Bad Hönningen
Schloßberg

Rheinbrohl
Monte Jup
Römerberg

Hammerstein
In den Layfelsen
Hölle
Schloßberg

Leutesdorf
Forstberg
Gartenlay
Rosenberg

Bereich Siebengebirge

Großlage Petersberg

Oberdollendorf
Rosenhügel

Laurentiusberg
Sülzenberg

Niederdollendorf
Goldfüßchen
Longenburgerberg
Heisterberg

Königswinter
Drachenfels

Rhöndorf
Drachenfels

Durch seine große Süd-Nord-Erstreckung von Bingen zum Siebengebirge zählt das Anbaugebiet Mittelrhein zu den nördlichsten Weinlagen.
Was rechtfertigt nun trotz dieser anscheinend ungünstigen Lage den den Rheinstrom säumenden weitverbreiteten Weinbau?
Wer aufmerksam den Rhein entlangfährt, wird bemerken, daß die Reben nur an ganz besonders günstigen Lagen angebaut werden. Begünstigte Lagen sind im Mittelrheintal die südlich exponierten Hang- und Steillagen der Mittelterrasse. Die Weinberge im Rheintal sind in Südwest-, West- und Südostlagen angelegt. In den Seitentälern und am Bopparder Hamm befinden sich die Rebpflanzungen in reiner Südlage. Die genannten Hanglagen haben die günstigste Sonneneinstrahlung während des Tages. Die Sonnenstrahlen fallen in einem senkrechteren Winkel ein als in der Ebene, wodurch die sonnenbedingte Wärmeentwicklung ein Höchstmaß erreicht. Diese intensive Sonneneinstrahlung erfährt eine weitere Verstärkung durch die Sonnenreflektion auf der Wasserfläche des Rheins. Die vom Wasser reflektierten Strahlen treffen genau die rebenbestandenen Hänge.
Der Einfluß der Hanglage auf die Sonneneinstrahlung:

a) *Hangneigung*

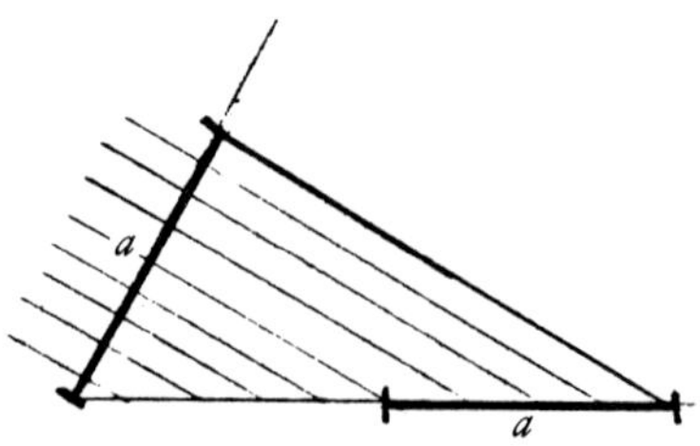

Am Hang ist es wärmer als in der Ebene, denn je steiler die Sonnenstrahlen einfallen, desto mehr Strahlen treffen den Boden.

b) *Flußnähe*

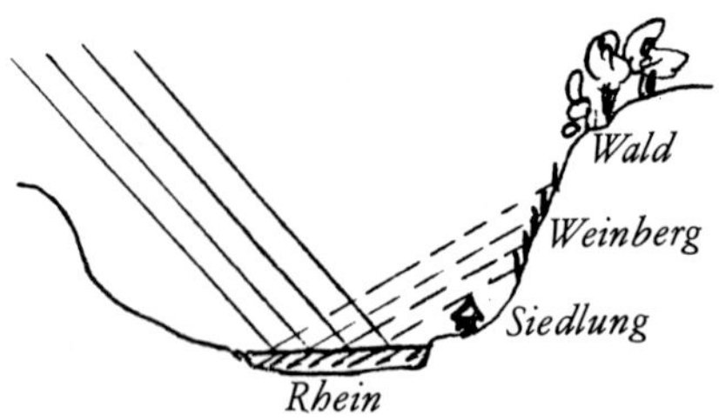

Die Sonnenstrahlen, die auf den Fluß treffen, werden vom Wasser auf die Weinberge reflektiert.

Diese Darlegungen erlauben die Schlußfolgerung, daß die Lokal- und Kleinklimate eher als das Großklima die Voraussetzungen für den Weinanbau bestimmen. Der Winzer kann durch die Auswahl topoklimatisch günstiger Standorte die Wachstumsbedingungen der Reben beeinflussen.

Das Mittelrheintal bildet gegenüber den es abgrenzenden Höhen des Rheinischen Schiefergebirges einen hygrothermischen Gunstraum, d. h. Temperaturdurchschnitt und Niederschlagsmenge bieten günstige Voraussetzungen für den Anbau von Sonderkulturen, zu denen der Weinbau gerechnet wird.

Die Jahresdurchschnittstemperatur erreicht 8—9° C, die in Sonnenlagen weit überschritten werden. Mit 160—170 Tagen, an denen die Temperatur 10° C nicht unterschreitet, mit 40—70 Sonnentagen im Durchschnitt (in guten Jahren zwischen 80 und 100 Tagen), an denen die Temperatur die 25°C-Grenze erreicht oder überschreitet, mit ca. 1400 Stunden Sonnenscheindauer im Jahresablauf sowie mit weniger als 80 Frosttagen im Jahr gehört das Mittelrheintal zu den wärmsten Landstrichen Deutschlands. Die wenigen Frosttage können durch die Schutzlage, kalte Winde streichen über das Tal hinweg, und durch die wärmespeichernde und strahlungsreflektierende Wirkung des Rheinstromes erklärt werden. Er bremst durch Verdunstung und Nebelbildung die Ausstrahlung und verhindert derart Schadensfröste. Die Wälder der Haupt- und Mittelterrasse schützen die nahen Weinberge vor Kaltluft und Extremtemperaturen. Auch die Hanglagen bleiben eher als die Flachlagen in den Niederungen frostfrei, da die Kaltluft in die Täler und Senken abfließt.

Im Winter kann die Rebe bei gut ausgereiftem Holz Temperaturen bis – 20° C ertragen, während besonders die Spätfröste im Mai durch Schäden an den jungen Trieben zu starken Ernteeinbußen führen können.

Der durchschnittliche Jahresniederschlag von 550—600 mm kommt den Bedürfnissen der Rebe entgegen. Im Vergleich zu den Höhenlagen der Eifel (1800 mm) ist dies sehr wenig. Die geringe Niederschlagszahl erklärt sich aus der Luvlage des Rheintals zu den Höhenrücken des Schiefergebirges. Das Niederschlagsmaximum liegt im Juli/August. Dies wirkt sich positiv auf das Wachstum der Reben aus, die auf den feinerdearmen mittelrheinischen Böden auf die Sommerniederschläge angewiesen sind. Bei zu wenig Niederschlag wäre eine zusätzliche Beregnung

nützlich. Das warme trockene Klima des Mittelrheintals mit seinen milden Wintern, dem frühen Frühlingsbeginn und den langen Spätsommern bietet günstige Bedingungen für den Weinbau.

Zu den natürlichen Voraussetzungen des Weinanbaus gehört neben dem Klima und der Witterung auch der Boden. Allerdings gestaltet sich die Auswahl der Böden, auf denen Wein angebaut werden kann, weniger schwierig als die klimatische Standortwahl. Die Weinrebe gedeiht auf beinahe allen Bodenarten, mit Ausnahme der zu sauren, zu stark kalkhaltigen und zu nassen Böden. Auch die chemischen Eigenschaften des Weinbergsbodens sind weniger ausschlaggebend, da durch die Düngung fehlende Nährstoffe zugeführt werden können. Vielmehr sind die physikalischen Bodeneigenschaften wichtig; sie beeinflussen den Wärme- und Wasserhaushalt. Skelettreiche Gesteinsverwitterungsböden bieten die günstigsten Wärmeverhältnisse. Zu ihnen gehören auch die Grauwacke- und Schieferverwitterungsböden der mittelrheinischen Weinbergslagen. Die mäßige, nicht zu hohe Bodenfeuchte dieser Böden bedingt eine schnelle Erwärmbarkeit, der hohe Gesteinsanteil verspricht die Speicherung der eingefangenen Wärme. Insbesondere der Schieferboden ist als Untergrund mit hoher Bodenwärme bekannt. Warme Böden können ihre überschüssige Hitze an die bodennahen Luftschichten abgeben und zur Verbesserung des Mikroklimas, sowie zur Verhinderung von Schadensfrösten beitragen.

Durch die Bodenbearbeitung kann der Winzer bis zu einem gewissen Ausmaß die Bedingungen im Untergrund beeinflussen. Der nicht gelokkerte Boden hat eine schnellere Erwärmbarkeit, aber auch eine schnellere Abkühlung; der gelockerte Boden speichert Wärme und Feuchte.

Die Grauwacke- und Schieferverwitterungsböden des Mittelrheintals entstanden im Devon vor 400 Millionen Jahren. Sie sind teilweise mit geologisch jungen Lockerbildungen wie Lehm und Löß vermischt. Die Wasserdurchlässigkeit und gute Durchlüftung der mittelrheinischen Weinbergsböden aufgrund des hohen Schuttanteils verhindern die die Wurzelatmung lähmende Staunässe.

Auf den reinen Grauwacke- und Schieferverwitterungsböden gedeiht die robuste und wenig trockenheitsempfindliche Rieslingrebe. Sie macht rund 75 % der gesamten bestockten Rebfläche aus. Auf den fruchtbaren Hanglehmböden gedeiht die Müller-Thurgau-Rebe, die auf die reichen

Nährstoffvorkommen dieser Böden angewiesen ist. Die am Mittelrhein überwiegenden feinerdearmen Bodenarten sind der Grund für die Dominanz der Rieslingrebe. Auf diesen Böden erreicht sie die feinen Qualitäten.

Rebsortenspiegel:

	Hektar	Prozent
Riesling	688	76,7
Silvaner	31	3,4
Müller-Thurgau	106	11,8
Weißburgunder, Ruländer und Gewürztraminer	7	0,8
Spätburgunder und Portugieser	14	1,6
Neuzüchtungen und sonstige Sorten	51	5,7
Rebfläche insgesamt	897	100,0

Die unterschiedliche Bodenbeschaffenheit schlägt sich im Bukett der Weine nieder; sie beeinflußt die geschmackliche Note. Besonders deutlich wird dieser Bodengeschmack bei Weinen der gleichen Rebsorte. Der Schieferverwitterungsboden verleiht dem Riesling eine spritzige, lebendige Art, während auf Grauwackeverwitterungsböden Rieslingweine mit einem kräftig, kernigen Bukett gedeihen.
Trotz der klimatischen Gunst im mittelrheinischen Tal ist seit dem Beginn des 20. Jahrhunderts ein ständiger Rückgang der Rebflächen zu beobachten (1900: 2200 ha; 1984: 750 ha).
Die Gründe für diesen Rückgang des Weinbaus in unserem Jahrhundert sind vielfältiger Natur.
Der Winzer der nördlichen Weinbaugrenze muß, um qualitativ hochwertige Weine zu erhalten, die Rebe an den sonnenbeschienenen Steilhängen anbauen. Der Steillagen bewirtschaftende Winzer ist gegenüber den Flachlagenwinzern des In- und Auslandes im Nachteil. Die weiter in nördliche Breiten hineinreichende Lage mit möglichen extremen Wetterunbilden unterwirft seine Weine stärkeren Qualitätsschwankungen. Die Weinpreise und Weinquantitäten wiegen nur bis zu einem gewissen Prozentsatz seinen durch den Steilhang bedingten hohen Arbeits- und Zeitaufwand wieder auf. Der mittelrheinische Winzer untersteht einem starken Rationalisierungsdruck, will er mit der Konkurrenz aus den Flach-

lagen Schritt halten. Die Weinerzeugungspreise können nur durch den verstärkten Maschineneinsatz relativ konkurrenzfähig gehalten werden. Anders als in den ebenen Weingärten der Oberrheinebene gestaltet sich der Maschineneinsatz im Mittelrheintal äußerst schwierig. Die Steilhänge mit 60% über 35% Hangneigung lassen nur eine beschränkte Mechanisierung zu. Hier findet hauptsächlich der Seilzug Anwendung. Bevor jedoch die Möglichkeit der maschinellen Weinbergsarbeit rentabel angewendet werden kann, muß in vielen Weinbergen die Flurbereinigung durchgeführt werden.

In Rheinland-Pfalz, das noch stark von der Realerbteilung geprägt ist, setzte die Flurbereinigung insgesamt relativ spät ein. Doch in der Weinbergsflurbereinigung, die wegen fehlender Weinbergsmaschinen noch später als die Ackerflurbereinigung ihren Anfang nahm, gingen mittelrheinische Winzer aus dem Heimbachtal als gutes Beispiel voran. Im Heimbachtal fand ab dem Jahre 1925 die erste Weinbergsflurbereinigung in Deutschland statt, die richtungsweisend für den gesamten deutschen Weinbau wurde. Sie galt als Vorbild für alle nachfolgend eingeleiteten Verfahren. Noch heute wird die Flurbereinigung bis auf wenige Neuerungen nach denselben Prinzipien durchgeführt wie diese erste. Allein die Motive zur Durchführung der Flurbereinigung mit planmäßigem Wiederaufbau haben sich geändert. Während bis zur Mitte unseres Jahrhunderts die Reblausverseuchung den Antrieb zur Bereinigung darstellte, ist es heute der stärker werdende Rationalisierungsdruck gegenüber den Flachlagenwinzern. Die auf den bereinigten Weinbergen angepflanzten Pfropfreben bringen den Winzern neben der guten Qualität höhere Erträge auf gleichgroßer, aber geringer bestockter Rebfläche wie früher (1910: 12 hl je ha; 1930: 25 hl/ha; 1950: 40 hl/ha; 1975: 70 hl/ha). Heute ist die Weinbergsflur am Mittelrhein zu 70% flurbereinigt, bei den restlichen sind die Rationalisierungsmaßnahmen in der Ausführung oder zumindest geplant. Der für das Mittelrheintal typische Terrassenweinbau bleibt auch nach der Flurbereinigung erhalten. Die Kleinterrassen werden durch Großflächenterrassen ersetzt. Trotz der planmäßigen Flurbereinigung gehen noch sehr viele Rebflächen verloren. Besonders die kleinen extrem steilen Parzellen, die an den schroffen Felshängen angelegt sind, ermöglichen bzw. rechtfertigen in keiner Weise weder eine Flurbereinigung noch eine Mechanisierung. Diese sehr arbeitsintensiven

Kleinparzellen müssen auch heute noch vollkommen mit der Hand bearbeitet werden. Oft werden sie daher aufgegeben und fallen brach.
Der Weinbau ist eine Intensivkultur, die sehr viel Pflege verlangt. Der Winzer und seine Familie sind das gesamte Jahr über mit der Keller- und Weinbergsarbeit beschäftigt. Eine alte Regel besagt, daß der Winzer in einem Jahr sechzehnmal um seinen Stock herumgehen muß, soll der Rebstock eine gute Ernte erbringen. Dies mag aufgrund der auch im Weinbau zunehmenden Rationalisierung nicht mehr in der krassen Weise zutreffen. Aber es stimmt noch heute, daß der Winzer viel Arbeit und Mühe aufwenden muß, um im Herbst eine gute Ernte nach Hause zu fahren.
Die Reben müssen im Vorfrühjahr geschnitten werden, worauf noch vor dem Austrieb das Biegen der Fruchttriebe folgt. In den Sommermonaten sind mehrmals notwendige Laubarbeiten durchzuführen, muß der Boden gelockert und das Unkraut beseitigt und klein gehalten werden. Schädlinge und Krankheiten machen die verschiedenen Bekämpfungsmaßnahmen erforderlich. Zur Erhaltung der Bodenfruchtbarkeit wird schließlich die Düngung notwendig. Die arbeitsintensivste Zeit der Weinlese beginnt im September und reicht bis weit in den November hinein. Während der Wintermonate ist der Winzer mit dem tadellosen Ausbau des Weines und den anfallenden Kellerarbeiten beschäftigt.

Das Lesegut wird im Herbst entweder von den Winzern selbst gekeltert und ausgebaut oder an die Genossenschaften abgegeben. Vor allem Klein- und Kleinstbetriebe liefern ihre Traubenernte an die Genossenschaften, da eigene Kellereimaschinen für sie zu teuer und unrentabel wären. Einen nur geringen Umfang hat der Traubenverkauf an den Handel.
Obwohl etwa 60% der Rebfläche des Mittelrheintals von Neben- und Zuerwerbswinzern mit weniger als 1 ha Anbaufläche bewirtschaftet werden, sind nur 25% genossenschaftlich erfaßt, wobei am unteren Mittelrhein keine einzige Genossenschaft besteht. Um den Weinanbau am Mittelrhein zu erhalten und die weitere Aufgabe von Rebflächen durch die Kleinbetriebswinzer zu verhindern, ist man bestrebt, eine Erzeugergemeinschaft für das gesamte Mittelrheintal zu schaffen, deren Zweck der Weinausbau und die Vermarktung ist.
Der Mittelrhein ist das typische Selbstvermarktergebiet, d. h. der von den Winzern erzeugte Wein wird von ihnen selbst direkt an die Konsu-

menten, Touristen und Besucher des Mittelrheintals abgegeben, wobei sich auch ein fester Kundenstamm entwickelt hat.
20% der Ernte, der größte Teil aus dem Viertälergebiet um Bacharach, werden als Grundwein für die Qualitätssektherstellung verwandt. Nur ein geringer Teil wird als Faßwein an den Handel abgegeben.
Trotz einer Jahresernte von im Durchschnitt 65000 hl oder 8000 l/ha ist der Weinverbrauch im Mittelrheingebiet größer als die Erzeugung, wozu der rege Fremdenverkehr, die vielen Rheinreisenden und die zahllosen Winzer- und Weinlesefeste in allen Orten längs des Rheins beitragen.
Leider wird auch weiterhin mit einem leichten Rückgang der Rebfläche zu rechnen sein, wenn es nicht gelingt, über Rationalisierung und Mechanisierung kostendeckende Preise zu erzielen.
Die mittelrheinischen Weine haben zwar im großen Angebot der deutschen Weine nur eine der Größe des Gebiets entsprechende Bedeutung, aber in ihrer Eigenart stellen sie auf dem deutschen Weinmarkt eine Rarität dar. Der qualitätsbewußte Weinkenner wird sich gerne dem hochwertigen Mittelrheinwein zuwenden.

Weinbau in Vergangenheit und Gegenwart

Ausgewählte Aufnahmen von Winzern, Wein und Reben

Winzergehöft in Bacharach-Steeg

Die Aufnahme zeigt ein typisches Winzergehöft in Bacharach-Steeg um die Jahrhundertwende. Noch heute verbinden viele Rheinbesucher ihre romantischen Vorstellungen vom Weinbau mit solchen historischen Bildern, die die traditionsreiche Geschichte des Weinbaus am Mittelrhein widerspiegeln. Aber Tradition und Winzerfolklore verstecken ein wenig die Realität des Weinbaus. Der Winzerbetrieb ist ebenso wie jeder andere Wirtschaftszweig auf Modernisierung angewiesen, um höhere und bessere Erträge zu erzielen.

Winzerin im Weinberg

Eine Winzerin bei der früher sehr beschwerlichen und mühsamen Bodenlockerung mit der Hacke. Die eng bepflanzte Rebfläche mit der rheinischen Doppelpfahlerziehung erschwerte die Mechanisierung. Bis auf wenige Ausnahmen werden die mittelrheinischen Steillagen heute mit Hilfe des Seilzuges gepflügt und gelockert. Der Arbeitsaufwand je Hektar konnte dank der Flurbereinigung in der Zeit von 1950—1975 von 2500 auf 1500 Stunden gesenkt werden.

Rebenaustrieb

Im Mai verwandelt sich mit beginnendem Rebenaustrieb die graue Winterfarbe der Weinberge in ein leuchtendes Grün. Aus den Winterknospen des als Bogrebe angegerteten Vorjahrestriebes entwickeln sich die Sommertriebe. An diesen Trieben bilden sich die Blätter und Gescheine aus.

Rebenblüte

Die Rebblüte fällt etwa in die Zeit zwischen Mitte Juni bis Ende Juli. Die Einzelblüten der Rebe sind klein und unscheinbar. Sie stehen nicht einzeln, sondern in Form einer Rispe zusammen, die vom Winzer auch als Geschein bezeichnet wird. Die Anzahl der Trauben wird durch den Ansatz der Gescheine bestimmt. Regnerisches und kühles Blütenwetter führt zum Durchrieseln der Gescheine mit nachfolgend unvollständiger Beerenentwicklung.

Winzer bei Laubarbeiten

Der Winzer muß dem lebhaften Sommerwachstum der Rebe wichtige Erziehungsmaßnahmen entgegensetzen. Mehrmals während der Vegetationsperiode werden die schnell wachsenden Triebe aufgerichtet und angeheftet. Verminderte Geizbildung, verringerter Schädlingsbefall durch verbesserte Luftzirkulation und die erhöhte Nährstoffproduktion zur Versorgung der heranreifenden Trauben sind die positive Folge dieser Beeinflussung des Rebenwachstums.

Kamp-Bornhofen im Jahre 1917

Die rechtsrheinische Gemeinde Kamp-Bornhofen und ihre Gemarkung im Jahre 1917. Viele der zu dieser Zeit noch bestockten Rebflächen wurden zwischenzeitlich von ihren Besitzern aufgegeben und fielen brach. Heute sind die ehemaligen Weinberge nahezu vollständig mit Obstbäumen bepflanzt, die die Landschaft rund um das Städtchen jeden Frühling in ein Meer von weißen Blüten verwandeln.

Weinlese bei St. Goarshausen

Weinlese bei St. Goarshausen zu Beginn unseres Jahrhunderts. Übersieht man einmal die Pfahlerziehung der früheren Zeit, so könnte die Aufnahme auch in unserem Jahrzehnt gemacht worden sein. Denn heute wie damals werden die Trauben sorgfältig mit der Traubenschere abgeschnitten, in Bottichen gesammelt und von Trägern in den Bütten zum Wagen gebracht.

Winzerfest in Oberdiebach 1921

Umzug in Oberdiebach anläßlich des Winzerfestes anno 1921. Den Zug begleiten Traubenleserinnen mit den damals üblichen Traubenbütten und Träger mit den noch heute gebräuchlichen Legeln. Die zahlreichen Winzerfeste der mittelrheinischen Weinbaugemeinden sind keine Erfindung der modernen Gesellschaft. Sie wurden zu allen Zeiten anläßlich der abgeschlossenen und ertragreichen Traubenlese begangen.

Weinlesefest in Bacharach am 19. Oktober 1930

Eine Gruppe von Winzerinnen mit festlich geschmücktem Pferdefuhrwerk auf dem Weg zum traditionellen Bacharacher Weinlesefest, einem der ältesten Winzerfeste in Deutschland. Noch heute treffen sich, wie zur damaligen Zeit, am ersten Oktober-Wochenende Touristen und Einheimische am Ort, um den historischen Umzug zu erleben. Die Pferdefuhrwerke der früheren Epoche wurden mittlerweile zwar durch Traktoren ersetzt, aber die mit Reblaub geschmückten Festwagen gehören noch heute zum Bild des Weinlesefestes. Mit dem Bacharacher Fest klingt die Weinsaison am Mittelrhein aus.

Weinlese an der Marksburg

Während der spätherbstlichen Sonnentage, wenn die Weinberge und Wälder in goldene Farben gehüllt sind, beginnt für den Winzer die Zeit der Weinlese. Wie hier in Braubach lesen überall emsige Winzerinnen die reifen Trauben, die von Legelträgern ins Tal gebracht werden. Seinen ältesten wirtschaftlichen Reichtum verdankt Braubach jedoch nicht dem Weinbau, sondern Bodenschätzen und Silberfunden in seiner Region.

Winzerfamilie im Weinberg

Die Traubenlese ist die für den Winzer arbeitsintensivste Zeit des Jahres. Während der Herbstmonate ist die ganze Winzerfamilie im Weinberg beschäftigt. Alle Familienmitglieder müssen helfen, damit die Beeren rechtzeitig vor den ersten Herbstfrösten gelesen sind. Oft reichen die familiären Arbeitskräfte nicht aus und zusätzliche Hilfskräfte müssen eingestellt werden. Ein hoffentlich guter Jahrgang ist der Lohn für ein arbeitsreiches Winzerjahr.

Maischegewinnung im Weinberg

Das Lesegut wird von den Büttenträgern aus dem Weinberg in die bereitstehenden Transportgefäße getragen. Das früher allgemein übliche Verfahren, die Beeren schon im Weinberg zu Maische zu verarbeiten, wird heute fast nur noch von kleineren Winzerbetrieben angewandt, um möglichst viele Trauben mit einem Transport zur Genossenschaft zu bringen. Der größte Teil der Trauben wird erst im Kelterhaus gemahlen. Bei kühler Witterung und sofortigem Transport zur Kelterung ist die erstgenannte Methode nicht von Nachteil. Eine warme Herbstwitterung wirkt sich jedoch nachteilig auf Weinqualität und -geschmack aus, da der Most frühzeitig zu gären beginnt und unerwünschte Geschmacksstoffe aufnimmt.

Baumkelter, 1790

Solche mächtigen und schweren Baumkeltern wurden bereits im klassischen Altertum von den Griechen und Römern benutzt. Bei den Baumkeltern oder Hebelpressen wird der zum Auspressen der Trauben notwendige Druck durch einen schweren und langen, als Hebelarm wirkenden Baumstamm erzeugt. Die als Ausstellungsstück im Landesmuseum auf der Festung Ehrenbreitstein aufgebaute Baumkelter fand im 18. Jahrhundert am Mittelrhein Verwendung.

Qualitätsweinprüfung in der Landwirtschaftskammer

Nach dem neuen Deutschen Weingesetz vom 14. Juli 1971 müssen die deutschen Weine vor der Zuerkennung der Bezeichnung „Qualitätswein“ oder „Qualitätswein mit Prädikat“ einer amtlichen Prüfung unterzogen werden. Die nach dem Test auf dem Etikett anzubringende amtliche Prüfungsnummer versichert dem Verbraucher, daß der genannte Wein den vom Staat gestellten gesetzlichen Anforderungen entspricht.

Diejenigen Winzer, die für ihre Weine die amtliche Prüfungsnummer beantragen, erteilen der Prüfungsstelle in einem Anmeldungsschreiben Auskunft über Herkunft, Mostgewicht, Lesedatum, Rebsorte, Verschnittanteil, Anreicherung und Herstellungsverfahren. Dem Antragsformular müssen zusätzlich drei Flaschen des zu prüfenden Weins beigefügt werden.

Grundsätzlich ist jeder Wein in seinem Erzeugergebiet zu prüfen. Für das Weinanbaugebiet Mittelrhein übernimmt die Landwirtschaftskammer in Koblenz diese Aufgabe. An drei Tagen in der Woche wird hier der Wein aller mittelrheinischen Bereiche von anerkannten und erfahrenen Weinprüfern der strengen sensorischen Prüfung unterzogen. Den Schwerpunkt bildet neben der Kontrolle von Farbe, Klarheit und Sorten- und Gebietstypischkeit die Probe von Geruch, Geschmack und Harmonie der einzelnen Weine. Sie werden verdeckt geprobt, und jeder Prüfer gibt sein eigenständiges Urteil ab. Neben der allgemeinen Qualitätsweinprobe werden auch Weinprämiierungen durchgeführt; die besten Weine eines Jahrganges und einer Rebsorte werden ausgezeichnet.

Straußwirtschaft

Die für das Mittelrheingebiet so typischen, oft laubenartigen Straußwirtschaften, in denen der Winzer während einer befristeten Zeit seine eigenen Weine ausschenken darf, werden immer seltener. Die Winzer bevorzugen die Form der Gutsschenke, die direkt im Winzerhaus integriert ist und ganzjährig geöffnet bleibt. Die Bedienung übernimmt der Winzer mit seiner Familie selbst, und natürlich werden nur die eigenen Weine serviert.

Quellennachweis

Heinz Fischer
„Rheinland-Pfalz und Saarland"
München 1981

Walter Sperling/Erich Strunk (Hrsg.)
„Neuer Luftbildatlas Rheinland-Pfalz"
Neumünster 1972

Hans Ambrosi/Bernhard Breuer
„Der Mittelrhein"
Stuttgart 1979

Gollmick/Bocker/Grünzel
„Das Weinbuch". Werden des Weins von der Rebe bis zum Glase.
4. verb. Auflage, Leipzig, 1926

Hans Ambrosi/Helmut Becker (Hrsg.)
„Der Deutsche Wein"
München, 1978

Genossenschaftlicher Wiederaufbau
des reblausverseuchten Weinbaugebietes Heimbachtal.
Rebenaufbaugenossenschaft m.b.H.
Nieder-Oberheimbach a. Rhein, 1928